W0171817

Das Buch

Juanita Carberry erzählt die Geschichte ihrer Kindheit im Kenia der zwanziger und dreißiger Jahre. Sie beschwört die Welt des Kolonialismus herauf mit all ihren schillernden und düsteren Facetten: Die Romantik und der Zauber des afrikanischen Kontinents einerseits und die grausame Realität einer korrupten und dekadenten weißen Oberschicht andererseits sind die Kulisse für Juanitas wechselvolles Leben. Ein ehrlicher, doch auch schockierender Tatsachenbericht von einer Zeitzeugin, die das Geschehen mit den klaren, unvoreingenommenen Augen eines Kindes beobachtet hat.

Die Autorin

Juanita Carberry ist auf einer Kaffeeplantage in Kenia aufgewachsen. Einen Teil ihrer Jugend verbrachte sie in europäischen Internaten. Sie bereiste zeit ihres Lebens die Welt auf Handelsschiffen und lebt heute in London.

Juanita Carberry

Letzte Tage in Kenia

Meine Kindheit in Afrika

Aus dem Englischen von Anneli von Könemann

Ullstein

Die Erstveröffentlichung erschien 2000 als List Taschenbuch
in der Reihe GRANDE.

Sämtliche Abbildungen im Innenteil stammen aus dem Privatbesitz
von Juanita Carberry.

Ullstein Taschenbuchverlag
Der Ullstein Taschenbuchverlag ist ein Unternehmen der
Econ Ullstein List Verlag GmbH & Co. KG, München
1. Auflage 2001
© 2000 für die deutsche Ausgabe by
Econ Ullstein List Verlag GmbH & Co. KG, München
© 1999 by Juanita Carberry
Titel der englischen Originalausgabe: Child of the Happy Valley
(William Heinemann, London)
Übersetzung: Anneli von Könemann
Umschlagkonzept: Lohmüller Werbeagentur GmbH & Co. KG, Berlin
Umschlaggestaltung: HildenDesign, München – Stefan Hilden
Titelabbildung: Michael Mascaro/Juanita Carberry
Druck und Bindearbeiten: Clausen & Bosse, Leck
Printed in Germany
ISBN 3-548-36312-1

Für Nellie und Maxwell Trench

Ein Land, in dem der schwer belastete Steuerzahler
der Alten Welt, der Menschen überdrüssig,
ein einfacheres und dennoch fröhlicheres Leben finden kann.

Alfred Anderson, Autor von *Our Newest Colony*
East African Standard Press, 1910

Inhalt

Vorwort: Mein Afrika

Ich bin nicht im herkömmlichen Sinne religiös, aber vor dem Schicksal empfinde ich tiefen Respekt. Hätten die Schicksalsgöttinnen entschieden, daß ich zu einer Schlampe oder einem Ungeheuer heranwachsen sollte, hätten sie dafür keine bessere Kinderstube finden können als Seremai, mein Zuhause im Hochland von Kenia. Denn ich wuchs in *White Mischief Country* auf, im »Land der weißen Störenfriede«, wo die bösen Jungen und Mädchen aus den ehrenwertesten britischen Familien sich, weit entfernt vom kritischen Blick ihrer kopfschüttelnden Eltern zu Hause, zu einem Leben ungehemmten Vergnügens zusammenfanden.

Mein Vater John Carberry war ein abtrünniger irischer Peer, der Hitler bewunderte und sadistische Züge hatte. Meine Stiefmutter June, in der ganzen Kolonie bekannt für ihre fröhliche Promiskuität und ihre zügellose Trinkerei, war ein begeistertes Mitglied der Happy-Valley-Clique. Die Kolonialherren fanden Kinder lästig. Mich nannte man »das Balg« oder »dumme Lauscherin«, wenn man mich dabei erwischte, wie ich heimlich Erwachsenengesprächen zuhörte.

Zum Glück entschieden die Schicksalsgöttinnen, daß ich trotz meiner Herkunft zu einer eigenständigen Persönlichkeit heranwachsen sollte. Was June Carberry und ihre Freundinnen verpaßten, während sie flirteten, sich betranken und die Dienstboten anschrien, war Afrikas Einzigartigkeit. Denn sie erlebten dort nicht mehr als in Surrey.

Wir jedoch, die wir dort aufgewachsen sind, werden in unseren Seelen für immer verzaubert sein, ganz gleich, wo wir heute leben. Ich brauche in einer Tiersendung nur den Ruf einer Hyäne oder das geheimnisvolle Miauen des großen Fischadlers zu hören, und meine Kehle zieht sich vor lauter Heimweh zusammen.

Meine Kindheit verbrachte ich in dem majestätischen, primitiven Afrika der Vorkriegszeit, in einem wilden, geheimnisvollen Land, das der Mensch mit der größten Vielfalt an wilden Tieren und Pflanzen teilte, die man sich vorstellen kann. Wenn ich sehe, wie alles – Menschen, Tiere, Landschaft – durch die fortschreitende Macht von Asphalt und Konsum verwüstet wird, ist mir sehr deutlich bewußt, wie privilegiert ich war, weil ich all das kennenlernen durfte.

Meine Freunde waren nicht die ungezogenen Vorstadtflegel, die zu den Partys meiner Stiefmutter kamen, sondern die anständigen, hart arbeitenden Kolonialfamilien, die den Typen aus dem Happy Valley hundertfach überlegen waren. Ihre Visionen halfen, die Straßen, die Hotels, die Krankenhäuser, die Rennbahnen, die Clubs und die Geschäfte zu erbauen, die von den anderen für selbstverständlich erachtet wurden. Es waren die Afrikaner, deren Sprache ich von Kindheit an sprach; sie waren fleißig, von sonnigem Gemüt und außerordentlich tolerant gegenüber ihren anspruchsvollen und häufig selbstsüchtigen Herrschaften.

Im Alter von fünfzehn Jahren wurde ich in den Mord an Lord Erroll verwickelt, dem ungekrönten König der Happy-Valley-Clique. Die Erkenntnis, daß meine Aussage den Tatverdächtigen an den Galgen bringen würde, gab »dem Balg« einen ganz neuen Status. Doch wir, die wir in dieser Zeit lebten, wußten nicht, daß wir das letzte Kapitel der Kolonialgeschichte schrieben und daß wir es, um mit den Worten von Harold Macmillan zu sprechen, nie wieder so gut haben würden.

Was dich deine Mutter nicht lehrt, lehrt dich die Welt
Sprichwort der Kikuyu

Ich war keine Waise im herkömmlichen Sinne, und doch gab es zwischen mir und meinen Eltern keine organische Verbindung, wie sie die meisten Menschen von engen Blutsbanden erwarten. Sowohl meine Mutter als auch mein Vater waren, in merkwürdiger Übereinstimmung, schon mehrere Jahre tot, bevor man es mir sagte. Und in beiden Fällen erfuhr ich nur zufällig davon.

Für Menschen von heute mag es sonderbar klingen, daß ich meine Mutter nicht eher vermißt hatte, aber so war das im kolonialen Afrika der zwanziger Jahre. Kinder und Erwachsene führten ihr eigenes Leben und aßen an getrennten Tischen. Es war das Zeitalter, in dem die Kinder ihren eigenen Flügel des Hauses bewohnten, in dem man Kindermädchen und Gouvernanten einstellte und ausdrücklich beauftragte, die lästigen Kinder von den Erwachsenen fernzuhalten, damit diese ungestört ihr vergnügliches Leben führen konnten.

Es war meine Cousine Robin, die den Tod meiner Mutter ausplauderte. Wir waren beide ungefähr sechs und stritten uns. Wir hielten uns im Haus unserer Großmutter in Nairobi auf und pflückten gerade Veil-

15

chen für sie. Ich drohte Robin, wie es die meisten Kinder tun: »Das erzähle ich meiner Mutter.«

»Nein, tust du nicht.«

»Tu ich doch.«

»Nein, tust du nicht«, konterte Robin. »Das kannst du nicht. Weil sie tot ist. So.«

Meine Mutter hieß Maïa Anderson, sie war eine Siedlerin der zweiten Generation und hatte fast ihr ganzes Leben in Afrika verbracht. Ich war erst drei, als sie starb, aber in diesen drei Jahren, die ich im Haus der Familie in Kenia unter der Obhut meines englischen Kindermädchens verlebte, war sie monatelang auf Reisen in den Vereinigten Staaten, in die sie und mein Vater hatten einwandern wollen, sowie in England, wo sie im Jahr vor ihrem Tod fliegen lernte. Meine Mutter wurde in den frühen tollkühnen Jahren der zivilen Luftfahrt zu einer wahren Flugpionierin und meisterte als erster Mensch die Strecke von Mombasa nach Nairobi. Nur wenige Wochen nach diesem bahnbrechenden Flug kam sie auf dem Flugfeld von Nairobi vor den Augen entsetzter Zuschauer ums Leben. Unter ihnen befand sich auch ihr Ehemann, der sie mit diesem Sport bekannt gemacht hatte.

Für mich war es wie in den alten Märchen: Der gute Elternteil starb, während der böse weiterlebte. Meine Mutter, die wegen ihrer lebhaften Persönlichkeit von allen Bubbles genannt wurde, war bei ihren vielen Freunden sehr beliebt. Die handgeschriebenen Notizen in dem abgeschabten Heft mit dem grünen Umschlag, das sie für ihre Aufzeichnungen über ihr Baby benutzte, läßt darauf schließen, daß sie entzückt war über ihre kleine Tochter, wenn auch ein wenig unsicher, auf welchen Namen sie sie taufen sollte. Auf den beiden ersten Seiten steht ein Gedicht an mich, das in seiner kindlichen Art – und selbst geschrieben mit kindlicher Handschrift – sehr rührend wirkt. Sie war damals erst einundzwanzig.

> *Virginias Liebe ist heiter und treu.*
> *Janes Liebe ist mütterlich, nährend.*
> *Starry ist aufregend, schick und neu,*
> *keineswegs immerwährend.*
> *Eine Feuersbrunst der Sehnsucht,*
> *Ein Leben des Sichquälens.*
> *Was würdest Du wählen, was gefiele Dir gut?*
> *Virginia?*
> *Starry?*
> *Jane?*

Schließlich kam eine Mischung dabei heraus: Juanita Virginia Sistare Carberry. Juanita ist Spanisch und kommt dem Ausdruck »kleine Jane« ziemlich nahe, und Sistare klingt nicht nur wie das aufregende, schicke »Starry«, das sie so ansprechend fand, es war auch eine Verbeugung vor einer Verwandten der Carberry-Seite.

Meine Mutter verschwindet früh aus dieser Geschichte. Ich kann mich nicht an sie erinnern, und ich glaube, daß ich sie unvoreingenommen würdigen kann.

Sie war ihrer Zeit in vielerlei Hinsicht voraus: ihr Mut, ihre Überzeugung, daß man alles tun kann, was man will, und zwar unabhängig vom Geschlecht, in die Tat umgesetzt zu einer Zeit, als die anderen Kolonialfrauen eher flatterhaft und vergnügungssüchtig waren – ich hätte sie gerne gekannt.

Ich kannte natürlich nur meinen Vater, und das Gefühl, das er in mir wachrief, war Angst. Er war ein großer, athletisch gebauter Mann mit engstehenden Augen von stechendem Meerblau. Ich hatte Angst vor diesen Augen, die sich immer in mein Herz zu bohren und nach Beweisen für meine Missetaten zu suchen schienen. Doch mehr noch als die Augen fürchtete ich seine Stimme, die Art, wie er meinen Namen bellte, mit der Betonung auf der letzten Silbe: Juani*ta*. Sobald ich diesen Ruf hörte, während ich, typisch Einzelkind, allein in meinem Avocadobaum saß, gefror mir das Blut in den Adern. »Was habe ich jetzt wieder getan? Bekomme ich Schläge?« dachte ich dann voller Entsetzen. Welche Ironie also, daß ausgerechnet mein Vater mich großziehen sollte.

Mein Vater war John Carberry. In Wirklichkeit war er Lord Carbery, der zehnte Baron und sechste Baronet (deswegen bin ich auch berechtigt, mich Honourable – Sehr Ehrenwerte – Juanita Carbery zu nennen). Er verbrachte seine Kindheit in einer gotischen Burg mit gotischem Namen in Irland. Castle Freke. Von allen in Ruinen liegenden, einstmals großen Landsitzen ist

Castle Freke einer der größten und mit Sicherheit der unheimlichste. Über viele Generationen hinweg war das Haus mit seinen 1000 Morgen feinsten Ackerlandes der Sitz der Barone Carbery, die ihre Ländereien dem Königsmörder Oliver Cromwell verdankten.

Heute ist Castle Freke ein gruseliger Ort, aber angesichts der furchtbaren Fehden, des Hasses und der Intrigen, deren Zeuge die Räume waren, ist das wohl nicht erstaunlich. Die Steinmauern öffnen sich der sanften, aber erbarmungslosen grauen Regenwand, die die meiste Zeit des Jahres in gleichmäßigen, vom Winde getragenen Wellen vom Atlantik hereinschwappt. Die unzähligen glaslosen Fenster starren aus der steinernen Fassade wie leere Augenhöhlen aus einem riesigen Totenschädel. Dennoch handelt es sich nicht etwa um eine mittelalterliche Festung, die vor Jahrhunderten zugunsten der Bequemlichkeiten der Moderne aufgegeben wurde. Der schlimme Zustand ist vielmehr die direkte Folge einer erbitterten Fehde zwischen John Carberry und seiner Mutter Mary, meiner Großmutter. Der Streit wurde niemals beigelegt und wirkte wie ein Fluch, der viele Jahrzehnte überdauerte und einen Schatten auf meine ganze Kindheit warf. Die Afrikaner glauben, daß Orte Geister haben – die *shetani* –, die man respektieren muß, wenn sie nicht gemein und rachsüchtig werden sollen. Hatten es die *shetani* von Castle Freke auf meine Familie abgesehen?

Anfang des zwanzigsten Jahrhunderts, als mein Vater noch ein Kind war – er wurde von den Gefolgsleuten mit »Eure Lordschaft« angeredet, von Bediensteten umsorgt, die noch daran glaubten, daß es *kleine Leute* gab, und war umgeben von Bauersfrauen, deren Zweites Gesicht den Tod vorhersehen konnte –, hallte das Haus von Leben wider und war ein Höhepunkt an Vornehmheit und Eleganz. Es gab Bälle und Diners für den niederen Adel der Gegend, man veranstaltete regelmäßig Jagden, und die zahllosen Schlafzimmer waren stets von Gästen aus ganz Irland und England belegt. Jo, John Carberrys Tochter aus erster Ehe, erinnert sich noch an das sonderbar gespreizte Leben, das sie als verhätschelte Aristokratentochter auf Castle Freke führte. Sie hatte nicht nur ein, sondern gleich zwei Kindermädchen in gestärkter Uniform, die sich um sie kümmerten. Deren tägliche Aufgabe war es, Jo, eingehüllt in Hermelin, in einen kleinen, von einem Shetlandpony gezogenen Dogcart zu setzen und hinunter an den Strand zu bringen, wo sie die erfrischende Meeresluft genießen sollte. Dort breitete man eine große Decke aus, setzte sie darauf und hielt sie an stillzusitzen. Aus der Zeit, als die Burg noch intakt war, erinnert sie sich ganz besonders an eines: Im sogenannten Salon, der 23 auf 9 Meter groß war, gab es einen lebensgroßen ausgestopften Elefanten.

John Carberry lebte bis 1913 inmitten dieser gradiosen Pracht, als Mary Carbery einen großen Ball zu Ehren ihres älteren Sohnes und Erben gab, der nun volljährig wurde. Alle vornehmen Leute aus Cork und die Pächter des Landes waren eingeladen. Zu essen gab es unter anderem »mehrere hundert süße Brötchen« vom örtlichen Bäcker und zum Trinken eine »Wagenladung« Leichtbier und Porter aus der benachbarten Stadt Clonakilty.

Direkt nach diesem Ball ließ mein Vater die Bombe platzen. Er verkündete, daß er seine Mutter aus Castle Freke hinaussetzen würde, nicht etwa, um die Burg für sich allein zu haben, sondern um sie zu verkaufen. Noch dazu habe er die Absicht, seinen Titel zurückzugeben und auszuwandern.

Diese Neuigkeit muß Irland wie ein Erdbeben erschüttert haben. Es war unerhört, in die Hand zu beißen, die einen fütterte, noch dazu, wenn es sich dabei um Mary, Lady Carbery handelte, zart und weiß und mit Juwelen behangen. Was, so mußten sich Bauern und Adel gleichermaßen fragen, war aus dem Grundsatz *noblesse oblige* geworden?

Was muß meine Großmutter – die durch die Einheirat in die Carbery-Dynastie zu einer der vornehmsten Ladys der irischen Gesellschaft geworden war – empfunden haben, als ihr ältester Sohn sie in aller Öffentlichkeit auf so beschämende Weise zurückstieß? Und was steckte dahinter?

Mary Carbery war eine vielschichtige Frau. Sie war eine intelligente und ausdrucksstarke Schriftstellerin und veröffentlichte mehrere Bücher. In ihren Tagebüchern, Briefen und Gedichten bezog sie sich häufig voller Zuneigung auf meinen Vater. Er war offenbar ein lebhaftes, intelligentes Kind, und die Anekdoten lassen darauf schließen, daß die beiden, zumindest solange er noch klein war, eine enge, liebevolle Beziehung verband. In einem Brief an ihre Eltern in Hertfordshire beschreibt Mary die Abende allein mit ihren zwei Kindern auf Castle Freke nach dem frühen Tod ihres Mannes im Alter von dreißig Jahren: »John, noch wach in seinem kleinen Bett, das neben dem meinen steht, sucht meine Hand, findet sie, und gemeinsam schlafen wir ein.«

Aber Mary Carbery konnte auch eine zähe Zeitgenossin sein, und die engeren Familienmitglieder fanden sie habsüchtig und snobistisch. Sie selbst hatte weit über ihrem Stand geheiratet. Es heißt sogar, sie habe auf ihrem Kreuzzug, auf dem sie das Vermögen der Familie zu mehren versuchte, ihre Schwester dazu überredet, einen Duke zu heiraten, obwohl sie wußte, daß er Syphilis hatte. Zu John Carberrys erster Frau José Metcalfe, einer Bürgerlichen aus Australien, war sie äußerst unfreundlich. Sie selbst hätte die Tochter einer alteingesessenen Familie als Schwiegertochter gewählt und betrachtete José als nicht ebenbürtig. José sagte, wenn sie und John Castle Freke besuchten, habe Mary Carbery stets alle Familienerbstücke weggeschlossen, solange John sie nicht ausdrücklich zu sehen verlangte, denn als Erbe seines Vaters hatte er ein Anrecht darauf. Wenn José anwesend war, kam offenbar niemals Besuch. Später fand sie heraus, daß ihre Schwiegermutter ihren Nachbarn erzählte, José wolle nicht von Besuchern belästigt werden, was jedoch völlig frei erfunden war.

Später versuchte mein Vater seine pathologische Abneigung gegen seine Mutter – die er »Bloody Mary« getauft hatte – damit zu erklären, daß sie eine Heuchlerin sei, die nach außen hin eine Fassade von Gottesfürchtigkeit und guten Taten zeigte, dahinter aber von Snobismus und Tücke zerfressen sei. Er behauptete, er habe sie in einer kompromittierenden Situation mit Christopher Sandford (genannt Kit), einem Augenarzt aus Cork, überrascht, den sie später heiratete. Niemand weiß sicher, ob dies geschah, als ihr erster Ehemann Algy noch lebte oder aber in der Zeit, als Mary, zumindest nach außen hin, bereits Trauer trug. John war erst sechs, als sein Vater im Jahr 1898 starb, und es ist unwahrscheinlich, daß ein Kind seines Alters die Bedeutung dessen, was es da sah, erkannte. Daher ist eher zu vermuten, daß John das Liebespaar irgendwann in der Zeit zwischen dem Tod des neunten Lord Carbery und der Heirat meiner Großmutter mit Kit Sandford im Jahr 1902 überraschte.

So wenig schmeichelhaft das Bild war, das John Carberry von seiner Mutter zeichnete, so wenig freundlich wirkte das, was er von sich selbst als Kind erzählte. Zwar sprach er selten von seiner Vergangenheit, doch gab er immer wieder gerne eine Geschichte aus seiner frühen Kindheit zum besten, mit der er die zum Scheitern verursachten Versuche seiner Mutter lächerlich machte, ihm die Tugend der Sanftheit beizubringen. Ihm zufolge sagte sie an seinem vierten Weihnachten zu ihm: »Heute ist Weihnachten, und ich will, daß du besonders lieb zu den Tieren bist, ganz besonders zur Katze.« Ein wenig später verkündete er ihr: »Ich habe der Katze alle Kanarienvögel zum Fressen gegeben.« Als Teenager fuhr er zu seinen Großeltern und Tanten in deren Haus in der Nähe von St. Albans, dem eine eigene Farm angeschlossen war. Bei seiner Ankunft brachte er ein paar Dartpfeile zum Vorschein, mit denen er auf ein Schaf zielte. Da die Wolle so dick war, erlitt das Tier keine Verletzungen, aber die Familie, in der man Tiere liebte, war entsetzt. Am nächsten Tag hörte man das Schwein quieken und fand einen Dartpfeil in seinem Fleisch. Als John Carberry von seinem wütenden Großvater dazu aufgefordert wurde, dem Stallknecht einen Schilling für die Entfernung des Pfeils zu geben, erwiderte er entrüstet, es wäre fairer gewesen, »wenn du mir einen Schilling geben würdest, weil ich so gut zielen kann«. Doch John war weit davon entfernt, Reue zu zeigen, im Gegenteil, er freute sich hämisch. Am Ende seines Dankesbriefes an seinen Großvater malte er ein Schwein, auf das gerade ein Dartpfeil zuflog.

Er versuchte sogar, seinen jüngeren Bruder zu töten – Granny fand Ralfe, wie er voller Angst am Steinvorsprung eines der oberen Fenster von Castle Freke hing, während John mit einem Stein auf seine Hände schlug, damit er losließ. Ralfe hat diesen Zwischenfall nie vergessen und warnte sogar seinen Sohn Peter, meinen Cousin, den heutigen Lord Carbery, meinen Vater nicht in Kenia zu besuchen und ganz besonders nie mit ihm zu fliegen. Er war davon überzeugt, John würde versuchen, ihn aus dem Flugzeug zu werfen. Der Gedanke ans Töten faszinierte John Carberry. Einmal verwirrte er Peter Carberys Stiefmutter, eine nette, ein wenig asketische Frau, mit der Frage, ob es nicht jemanden gebe, den sie »umlegen« wolle. Wenn ja, solle sie es ihn nur wissen lassen, und er würde die Person »über dem Dschungel rauswerfen«. John Carberry liebte es ganz ohne Zweifel, andere zu erschrecken, und er kümmerte sich wenig um die Meinung anderer. Mary Lovell, Biographin der Fliegerin Beryl Markham, schrieb über meinen Vater: »Er war ein unangenehmer Mensch mit einem grausamen, sadistischen Zug, ganz besonders Tieren gegenüber. In fast einhundert Interviews, die ich für dieses Buch führte, fand nicht einer ein gutes Wort für ihn.« Das also war der Mann, der mich großziehen sollte.

Die Geschichte meiner Mutter war sehr viel weniger bizarr und zeichnet eine sanftere Person. Sie wurde am 20. Januar 1904 in Bristol geboren und kam schon als Baby nach Kenia. Als sie alt genug war, schickte man sie nach Gent an die Maison St. Pierre, die Internatsschule, die schon ihre Mutter besucht hatte. Als im August 1914 der Krieg erklärt wurde, saß sie dort fest. Ihr ältester Bruder Gerald, der am Royal College of Medicine in London studierte, wurde angewiesen, sie zu retten, und schaffte es um Haaresbreite, bevor die Kämpfe losgingen. Er brachte sie nach England, wo sie den Rest

des Krieges bei ihm und seiner Frau Caroline verbrachte. Sie sollte Afrika sechs lange Jahre nicht wiedersehen und kehrte 1920 im Alter von sechzehn mit
ihnen nach Hause zurück. Zufällig war dies dasselbe
Jahr, in dem John Carberry den außergewöhnlichen
und unerhörten Schritt unternahm und seinen Titel
aufgab, um seinen Namen von Lord Carbery mit einem »r« zu einem einfachen Mister John Carberry mit
zwei »r« zu ändern.

In den ersten Jahrzehnten dieses Jahrhunderts bestand die höhere Gesellschaft Kenias aus einer kleinen,
engverwobenen Gruppe von Leuten. Die Eltern meiner Mutter waren inzwischen Bürgermeister und Bür-
germeisterin von Nairobi, und es kann nicht lange ge-
dauert haben, bis ihre einzige Tochter und John
Carberry sich auf dem gesellschaftlichen Parkett ken-
nenlernten.

John Carberry liebte schöne Frauen. Er war bereits
verheiratet gewesen und wieder geschieden, als er
meine Mutter kennenlernte. Seine erste Frau war eine
glamouröse blonde Australierin namens José Metcalfe.
Vielleicht war es nun Zeit für eine Brünette. Auf Fotos
aus diesen Jahren ist meine Mutter eine gutaussehende
junge Frau, nach der sich die Männer umdrehten:
glänzend braune Haare, in der Mitte gescheitelt und
mit einer modischen Welle, ein linkisches Lächeln und
verträumte nußbraune Augen mit Schlafzimmerblick.
Mehrere der vielen Fotos aus Zeitungen zeigen sie in
Fliegerkleidung, dennoch kleidete sie sich immer ein-

deutig feminin. Ihr Fliegerhelm, der schmeichelnd mit Fell eingefaßt war, unterstreicht ihr zartes Gesicht, stets trägt sie Perlen um den schlanken Hals, und sogar ihr lederner Fliegermantel geht nur bis zum Knie und gibt den Blick frei auf wohlgeformte Beine und Füße in den modischen Riemchenschuhen jener Zeit.

Im Januar 1922 heirateten meine Mutter und John Carberry. Maïa war eine unschuldige Achtzehnjährige aus einer hart arbeitenden Pioniersfamilie. Carberry war dreißig und ein geschiedener Mann, der in dem Bewußtsein aufgewachsen war, von allen um ihn herum Unterwerfung und widerspruchslosen Gehorsam erwarten zu dürfen. Der Unterschied in Alter und kulturellem Hintergrund hat offensichtlich bei niemandem die Alarmglocken schrillen lassen. In den Augen der Familie meiner Mutter war John Carberry mit seinem aristokratischen Aussehen und dem zweihundert Jahre alten Stammbaum eine gute Partie. Hätten sie ein wenig mehr über ihn gewußt – seine sonderbare, qualvolle Kindheit, seine bittere Fehde mit der Mutter und ganz besonders seine Einstellung zu Schwangerschaft und Kindern –, wären sie vielleicht ein bißchen vorsichtiger gewesen.

Wie in den meisten Ehen gab es am Anfang wohl so etwas wie gespannte Erwartung. Mein Cousin Peter Anderson kam als kleiner Junge oft nach Seremai, unser Haus in Nyeri. Einmal war er irgendwie durcheinander – wie Kinder nun mal sind, wenn sie Erwachsene bei unziemlichen Spielen erwischen –, weil er John dabei überraschte, wie er eine quiekende Maïa ums Haus herumjagte. Doch Carberrys Reaktion auf die Neuigkeit, daß sie schwanger war, muß Maïa ernüchtert haben. Er schlug einen langen Ritt in den Busch auf einem Muli vor, mit dem Hintergedanken, daß das Auf und Ab auf dem Rücken des Tieres das Baby abtreiben würde. Maïa erzählte ihrer entsetzten Familie, daß sie es nicht gewagt habe, sich zu beklagen, denn Carberry haßte Feiglinge, und so ritt sie weiter, bis sie vom Muli fiel. Die Qualen waren so groß, daß sie aus Angst, zu laut zu stöhnen, buchstäblich ins Gras biß. Wie konnte sie wissen, daß sich hier die Geschichte wiederholte, daß mein Vater schon versucht hatte, das Baby seiner ersten Frau José abzutreiben, und zwar auf noch schrecklichere Art und Weise.

(Als José meinem Vater mitteilte, daß sie schwanger war, schlug er eine Abtreibung vor. Sie weigerte sich und bestand darauf, für die Geburt nach Europa zurückzukehren. Die meisten Männer hätten nun nachgegeben, doch er nicht. Er begleitete sie auf dem Dampfer und versuchte den Schiffsarzt zu einer Abtreibung zu überreden. Als dieser sich weigerte, bestand Carberry darauf, seine Frau in Port Said von Bord zu bringen, wo er jemanden kannte, der ihm helfen würde. Der entsetzte Schiffsarzt warnte José, sie solle das Schiff nicht verlassen, und versteckte sie schließlich in den Mannschaftsquartieren, bis sie den Hafen verlassen hatten.)

Eines hatten John und Maïa Carberry gemeinsam: Beide waren ihrer Zeit voraus. John Carberry, geboren im letzten Jahrzehnt der Herrschaft von Queen Victoria, war außerordentlich fasziniert von den sich schnell entwickelnden Technologien des neuen Zeitalters. Er liebte die freiheitlichen Fortbewegungsmethoden, die mit dem angehenden zwanzigsten Jahrhundert aufkamen – schnelle Autos und Flugzeuge waren seine Leidenschaft –, und fühlte sich von allem angezogen, was mit Geschwindigkeit und Wagemut zu tun hatte. Er war ein Mann, der sich gerne Risiken aussetzte, und gab sich außerordentlich unduldsam gegenüber den weniger Kühnen, die er verächtlich Feiglinge schimpfte. Ein großer Teil der Schikanen, die ich durch ihn erleiden mußte, lassen sich auf seine wohlbekannte Verachtung der Feigheit zurückführen.

John Carberry flog schon vor dem Ersten Weltkrieg seine eigene Maschine. Im Juli 1914, weniger als einen Monat vor dem Ausbruch des Krieges, versetzte er die Iren in Erstaunen, indem er als erster ein Flugzeug in Irland landete. Er startete von einem Sportplatz in Cork und landete zwanzig Minuten später in Clonakilty. Eine Woche danach gab er eine weitere Demonstration auf demselben Sportplatz. Dieses Mal nahm er ein paar Passagiere mit und gefiel sich in einem für ihn typischen wagemutigen Schauspiel von Loopings – Presseberichten zufolge unter »den Entsetzensschreien der Zuschauer«. Kurz nach dieser Vorstellung, so eine Zeitung, habe »der zehnte Earl entschieden, seinen Besitz zu verkaufen, seinen Titel zurückzugeben und nach Kenia auszuwandern«.

Maïa, meine Mutter, war die Verkörperung der für alles offenen, emanzipierten jungen Nachkriegsfrau. Sie fuhr gerne Auto. Ein britischer Zeitungsbericht Ende der zwanziger Jahre beschreibt sie als »begeisterte Autofahrerin ... ganz allgemein erhascht man in der Öffentlichkeit nur einen kurzen Blick auf sie, wenn sie am Steuer eines modernen Motorwagens vorbeirauscht«. Vom Autofahren zum Fliegen war es nur ein kleiner Schritt, und Carberry ermutigte sie schon bald, seine große Leidenschaft auszuprobieren.

Im Sommer 1927, zwei Jahre nach meiner Geburt, verließen er und Maïa Kenia in Richtung England. Sie zogen in ihre Londoner Basis, eine Wohnung in der Jermyn Street im West End, direkt um die Ecke vom *pied-à-terre* am Piccadilly, wo Mrs. Keppel, die Geliebte von König Edward VII., ihren königlichen Geliebten empfing. Der Grund der Reise war, daß meine Mutter ihren Flugschein machen sollte. Meine Eltern fuhren immer zum Stag Lane Aerodrom in Hendon, dem führenden zivilen Flugplatz jener Tage, wo Carberry zusah, wenn Maïa von den Lehrern der De Havilland School of Flying ihre Flugstunden erhielt. Zweifellos fand es seine Anerkennung, daß Maïa keine Angst zeigte und freiwillig in einer Höhe von 7000 Fuß flog, obgleich für ihre Qualifikation nur 6000 Fuß nötig waren. Sie bestand die Flug-, Lande- und Höhentests innerhalb von zwei Wochen. Eine Notiz in der *Daily Mail* vom 8. September 1927 lautet, daß Mrs. M. Carberry »gestern ihre Prüfungen im Stag Lane Aerodrom

(Edgware) für ihren Pilotenschein mit einem Flug in 7000 Fuß auf einer *Moth*« bestanden hat. Die *Sphere* vom 10. September 1927 stellte fest: »Mrs. Carberry ... hat soeben in Hendon ihre Prüfungen für ihren Pilotenschein absolviert und wird in Kürze mit einer *Moth*, einem Geschenk ihres Mannes, bereits seit 1912 ein Pionier der Luftfahrt, in ihr Heim in der Kolonie Kenia zurückkehren.«

Weniger als vierzehn Tage später nahm Maïa an ihrem ersten internationalen Luftrennen teil. Daß sie eine Frau war und dazu noch leidlich fotogen, machte sie für die Presse unwiderstehlich. Als sie sich am 10. Januar 1928 auf den Weg nach Kenia machen wollte, erklärte Maïa einem Korrespondenten des *Daily Chronicle*, wie sehr ein eigenes Flugzeug ihr Leben in Afrika verändern würde.

Als sie England auf ihrem Weg nach Hause in Kenia mit einer Maschine der Imperial Airways in Richtung Paris verließ, sagte sie: »Ich habe für mich persönlich eine kleine *Moth Light* gekauft. Mein Mann besitzt bereits zwei Flugzeuge und fliegt ständig in der ganzen Kolonie umher.

Von uns aus können wir Nairobi per Flugzeug in vierzig Minuten erreichen. Mit dem Zug würde es neun Stunden dauern. Ich habe vor, meinen kleinen Wagen der Lüfte für Einkaufsbummel in Nairobi zu nutzen oder um mal ein Rennen zu sehen oder an dortigen Vergnügungen teilzunehmen. Auf der

Straße würde eine solche Reise zwei oder drei Tage dauern. Und einer der größten Vorteile, die Flugzeugbesitzer haben, besteht darin, daß man im Falle einer plötzlichen Krankheit ohne Verzögerung einen Arzt holen kann.«

Maïa entzückte die englischen Journalisten mit ihrer »Tut das heute nicht jeder?«-Einstellung zum Fliegen. Doch sie verfolgte auch ernsthaft die Absicht, das Ansehen der zivilen Luftfahrt zu verbessern, und zwar nicht als Sport reicher Leute, sondern weil sie wußte, daß dieser Weg zukunftsweisend war. Bei ihrer improvisierten Pressekonferenz am Flughafen sagte sie dem *Manchester Guardian*: »Wir werden unsere Luftflotte zum Wohle unserer Nachbarn nutzen und wünschen uns sehr, daß die Kolonie offen für die Luftfahrt wird.«

Peter Carbery hat Maïa jedoch als unglückliche Frau in Erinnerung. Als recht kleiner Junge besuchte er sie in der Wohnung in der Jermyn Street, wo sie darauf wartete, daß John Carberry von einem Flug ins Ausland zurückkehrte. An dem Tag, als er ankommen sollte, brachte sie Peter zum Stag Lane Aerodrom und nahm ihn zum Zeitvertreib mit in die Lüfte. Sie warteten den ganzen Tag, doch Carberry tauchte nicht auf. So kehrten sie ohne ihn in die Jermyn Street zurück. Peter erinnert sich, daß Maïa vor Enttäuschung in Tränen ausbrach.

Vom Temperament her unterschieden sich Carberry und Maïa sehr, was schon recht bald nach Beginn ihrer

Beziehung zutage getreten sein muß. Maïa war vielleicht schneidig und abenteuerlustig, aber auch sanft und freundlich und zweifellos von seiner Grausamkeit abgestoßen. Eine Geschichte, die mir meine Cousine Patty erzählt hat, verdeutlicht Maïas Sensibilität. Eines Nachts waren alle im Haus von Maxwell Trench versammelt (Trench war John Carberrys Partner und leitete die Kaffeeplantage). Die Erwachsenen spielten Tennis, und alle standen herum, während der Küchenjunge ein Hühnchen für das Abendessen schlachtete. Maïa glaubte, daß ich mich zu sehr aufregen würde, wenn ich das sähe, und so nahm sie mich auf den Arm und entfernte sich mit mir außer Sicht- und Hörweite. Ich saß auf ihrem Schoß, bis alles vorbei war.

Ich weiß nicht, ob meine Mutter mich vermißte, als sie in Europa war, aber sie erzählte einem Journalisten, während andere Kinder in ihren Tretautos umherfuhren, würde ihre dreijährige Tochter »viel lieber mit ihrem eigenen Tretflugzeug spielen«.

Im Februar 1928, drei Monate vor meinem dritten Geburtstag, kam meine Mutter nach Hause und machte sich sofort daran, der erste Mensch zu werden, der nonstop von Mombasa nach Nairobi flog. Sie bewältigte die Reise am Donnerstag, den 16. Februar 1928 in dreieinhalb Stunden. Sie brachte die erste Luftpost von der Küste ins Hochland mit und wurde wie eine Heldin willkommen geheißen. Sie wurde von einem menschlichen Passagier begleitet, von Captain Kenealy, sowie von einer Schildkröte mit einem rosa Geschenkband um den Hals, die man ihr in Mombasa als Maskottchen überreicht hatte. Im *East African Standard* erschien eine lebendige Beschreibung des furiosen Empfangs, den man Miss Propaganda – sowohl am Boden als auch in der Luft – bereitete, als die kleine *Moth* über den am Ngong-Flughafen versammelten Menschenmengen auftauchte. Mit unbewußter Ironie trompetete das Blatt heraus, daß »die epochemachende Reise eine weitere Demonstration der Flugsicherheit in den Tropen« sei.

Nur etwas mehr als zwei Wochen später war meine Mutter bereits tot. Miss Propaganda, dasselbe Flugzeug, in dem sie kurz zuvor ihren Triumphzug erlebt hatte, ging in den Sturzflug und stürzte vor den Augen der vor Entsetzen gelähmten Zuschauer zu Boden. Der Unfall geschah am Ngong-Flughafen von Nairobi, dem Ort ihres kürzlichen furiosen Empfangs, wo sie den Nachmittag auf Kenias erster Luftfahrtausstellung verbracht hatte. Sie hatte in dem großen Zelt Tee getrunken, Freunde auf Rundflüge mitgenommen, und die King's African Rifles hatten ihr ein Ständchen gesungen. Maïas Begleiter, Dudley Cowie, ein junger Mann, dem sie das Fliegen mit der Doppelsteuerung der *Moth* beibrachte, kam ebenfalls ums Leben. Meine Mutter war vierundzwanzig, ihr Passagier zweiundzwanzig.

Die Familie meiner Mutter glaubte, John Carberry habe schuld an Maïas Tod. Wegen des verhängnisvollen Fluges war es zu einem Zerwürfnis zwischen ihnen gekommen. Maïa glaubte hellsehen zu können und hatte eine Vorahnung, daß der Flug in einer Katastrophe enden würde. Meine Cousine Patty, damals ungefähr acht Jahre alt, erinnert sich an Maïas wachsende Nervosität bezüglich der bevorstehenden Demonstration. Sie sagt, in den Tagen vor ihrem letzten Flug habe Maïa mit ihrer Mutter und ihrem Bruder (Pattys Vater Gerald) darüber gesprochen, daß sie die Fliegerei gerne aufgeben würde, weil sie spürte, daß etwas geschehen würde. Schließlich sprach sie Carberry darauf an, der ihre Angst wie üblich ins Lächerliche zog und über ihre Vorahnungen lachte. Dudley, der Mann, der ebenfalls zu Tode kam, wollte auch nicht fliegen – er war nicht besonders tapfer. Doch Carberry setzte einfach alle unter Druck.

Die Unfallursache wurde nie geklärt. Zeitungsberichte beschreiben, das Flugzeug habe im Sinkflug in einer Höhe von 500 Fuß gekreist, als es offenbar an Geschwindigkeit verlor, ins Trudeln geriet und mit einem entsetzlichen Krachen auf die Erde aufschlug. Zeugen sagen, Dudley sei in Panik geraten, habe den Steuerknüppel in Sinkposition gelegt und sei dann wie gelähmt gewesen, so daß meine Mutter die Maschine nicht mehr rechtzeitig habe hochziehen können. Wann Maïa starb, darüber gibt es widersprüchliche Angaben. Einige Berichte sagen, sie sei aus der Maschine geschleudert worden oder selbst gesprungen, bevor sie auf dem Boden aufschlug. Dabei sei sie sofort tot gewesen. Andere berichten, sie sei erst ungefähr eine Stunde später gestorben. Meine Informationen habe ich aus dem

Sammelalbum meiner Großmutter, einem braunen, in Saffianleder gebundenen Notizheft voller vergilbter Blätter, in dem sie sorgfältig alle Zeitungsberichte über ihre geliebte einzige Tochter sammelte. Wo behauptet wird, Maïa habe nach dem Unfall noch gelebt, hat Großmutter die Worte unterstrichen und »nicht wahr, es war sofort vorbei« danebengeschrieben. Ob der Gedanke, daß ihre Tochter so gelitten haben soll, für sie unerträglich war oder ob der Journalist tatsächlich einen Fehler gemacht hat, werde ich nie erfahren.

Der Unfall verschlug allen in der Kolonie die Sprache, nicht nur, weil meine Mutter hübsch und beliebt war, sondern auch, weil sie in ihrer tatkräftigen und unerschrockenen Jugendlichkeit das neue Zeitalter symbolisierte – ein Zeitalter, in dem die aufgeblasenen und verknöcherten alten Männer des Kolonialismus aus dem neunzehnten Jahrhundert von einer zuversichtlichen neuen Generation verdrängt wurden, die locker mit den neuesten Technologien umging und begierig war, Ostafrika in eine neue, moderne Zeit zu führen.

Meine Mutter wurde in einem Grab mit einer Clematis zur letzten Ruhe gebettet, einer farbenprächtigen, tropischen Kletterpflanze mit auffälligen orangeroten Blüten. Mit ihr wurde auch ihre Fliegerausrüstung begraben. Bevor sie hinuntergelassen wurde, legte John Carberry einen Teil des zerstörten Propellers ihrer Maschine auf den Sarg.

Auf der ganzen Welt erschienen Nachrufe. Die *Irish Times*, der *Bystander*, der *Daily Mirror*, der *Sketch*, die

News of the World, die *Daily Mail, The Times,* der *Tele-graph,* der *Star* und die *Morning Post* brachten Berichte und gaben meiner Mutter ihren Titel zurück: »Angehörige des Hochadels bei Flugunglück getötet«, »Lady Carbery vor den Augen ihres Mannes getötet«, »Angehörige des Hochadels erlitt Todessturz aus abstürzendem Flugzeug«. Alle Artikel waren sorgfältig im Album meiner Großmutter aufgeklebt.

Man hat mir erzählt, daß John Carberry durch den Tod meiner Mutter am Boden zerstört war. Vielleicht spielten Schuldgefühle bei seinem Kummer eine Rolle und er glaubte, es sei sein Fehler gewesen. Nach dem Unfall fuhr er zum Haus seiner Schwiegereltern in Nairobi, wo man meinen Cousins und Cousinen befahl, nicht ins Wohnzimmer zu kommen, weil er dort saß und weinte.

Die Andersons waren allesamt der Ansicht, daß Maïa zum Zeitpunkt des Unfalls bereits desillusioniert war und sich vernachlässigt fühlte. John Carberry war kein Mann, der sich durch seine Ehefrauen von seinen Vergnügungen abhalten ließ. Während seiner Ehe mit Maïa und während meiner gesamten Kindheit war er ständig geschäftlich oder zum Vergnügen unterwegs. Patty erinnert sich daran, daß meine Mutter viel Zeit im Haus meiner Großmutter in Nairobi verbrachte, was wohl kaum dem Verhalten einer glücklichen Ehefrau entspricht. Es hieß sogar, sie habe Trost in den Armen eines anderen gesucht und ich sei womöglich gar nicht John Carberrys Kind.

Der Geschmack von Termiten

Seremai war der Name meines Zuhause mehr als 6000 Fuß über dem Meeresspiegel, hoch oben in Kenias herrlichem Hochland. Schon das Wort klingt irgendwie üppig und exotisch und ruft Visionen von dunkelhäutigen Mädchen und palmengesäumten Stränden hervor. Tatsächlich bedeutet es in der Sprache der Massai »Ort des Todes«, es soll an die Schlacht zwischen ihnen und dem dort ansässigen Stamm der Kikuyu erinnern. Am 17. April 1915 erwarb John Carberry 650 Morgen dieses Landes und baute in den späten Jahren des Ersten Weltkriegs das Haus. Es lag fünf Meilen von der Stadt Nyeri und etwas mehr als hundert Meilen von Nairobi entfernt und war das Zentrum eines beträchtlichen Besitztums, das dem Geldmachen diente. Carberry war ein nimmermüder Unternehmer, dessen Besessenheit vom Geld durch den Wunsch verstärkt wurde, seiner Mutter zu beweisen, daß er auch reich werden konnte, ohne Zuflucht zu ererbtem Vermögen zu nehmen. Nach der bitteren Trennung der beiden hatte seine Mutter sich – aus heutiger Sicht auf fragwürdige Art und Weise – die Gesetze so weit zunutze gemacht, daß sie dafür sorgte, daß ihr ältester Sohn niemals das Vermögen der Carberys oder das außerordentlich wertvolle Familiensilber oder die Kunstwerke erben konnte. In Afrika machte er sich daran, sich selbst einen eigenen Wohlstand aufzubauen. Als ich auf die Welt kam, war er bereits ein reicher Mann.

Ich sollte wohl erklären, warum ich meinen Vater immer John Carberry nenne. Die Verbindung zwischen uns funktionierte gleich von Anfang an nicht so recht. Er verhielt sich mir gegenüber niemals wie ein Vater, und so reagierte ich auch nie wie eine Tochter. Ich wüßte nicht, daß er mich jemals berührt hätte – ich erinnere mich nicht einmal an eine feste Umarmung oder an eine Berührung der Wange. Und ich erinnere mich ganz sicher nicht daran, daß er in all den Jahren, die wir zusammenlebten, auch nur einmal Zuneigung zu mir gezeigt hätte. Wo andere Väter ihren Kindern zärtlich Spitznamen gaben, war ich »das Balg« oder die »dumme Lauscherin«. Und er war für mich »JC«. Als ich älter wurde und mein Verhalten häufiger das gewalttätige Raubtier weckte, das in seiner dunklen Seele lauerte und immer darauf wartete, sich auf die Hilflosen zu stürzen, lernte ich das gebellte »Juanita« fürchten, mit dem er sein Mißfallen zum Ausdruck brachte.

JC verbrachte einen großen Teil seiner Zeit nicht auf Seremai – das Fliegen blieb bis zum Ausbruch des Zweiten Weltkriegs eine seiner großen Leidenschaften. Häufig reiste er zum Vergnügen, ganz besonders nach London und Amerika. Zweifellos habe ich es diesem Umstand zu verdanken, daß die Erinnerungen an meine frühe Kindheit ein Leben voller Zuneigung, Sonne und Freiheit widerspiegeln, von denen Kinder heutzutage nur träumen können. Ich kam erst mit sieben in die Schule, und trotz planloser Versuche, mir in diesen Jahren das Lesen und Rechnen beizubringen, drehen sich meine Erinnerungen hauptsächlich um eine großartige Landschaft, bevölkert mit meinen Lieblingsgefährten – den Tieren.

Die Heimat meiner Kindheit lag nur dreißig Meilen südlich vom Äquator. Ich bin eine tropische Pflanze. Ich liebe Wärme und die Freiheit, die warmes Klima mit sich bringt – ein Minimum an Kleidung und barfuß laufen. Bis heute mag ich keine Schuhe, und im Haus trage ich nie welche. Europäer glauben oft, in Afrika sei es übermäßig heiß oder unerträglich feucht. Das Klima im Hochland ist jedoch eher wie eine wärmere, trocknere Version des englischen Klimas, weswegen sich die englischen Siedler dort auch so wohl fühlten. Die Hitze war niemals drückend. Wir mußten nicht unter Moskitonetzen schlafen wie die Leute an der Küste, denn es gab keine Moskitos. Fast immer schien die Sonne, außer wenn es regnete, doch aufgrund der Höhenlage war es morgens und abends so kühl, daß wir abends im Wohnzimmer normalerweise am offenen Feuer saßen.

Während meiner Kindheit war es für mich selbstverständlich, daß die prächtige goldene Sonne gegen sechs Uhr früh aufging und es nach sieben Uhr abends – in den Tropen gibt es kein Dämmerlicht – absolut dunkel war. Jeden Tag genoß ich auf unserer Veranda eine der wohl anregendsten Aussichten der Welt. Tagesanbruch im Hochland, bevor die Hitze sich wie eine Decke über die Landschaft legte, bedeutete sagenhafte Klarheit und brillante Farben. Wenn ich nach rechts blickte, konnte ich den Doppelgipfel des Mount Kenia sehen, der ungefähr dreißig Meilen Luftlinie nordöstlich lag. Er thronte 17000 Fuß über der Landschaft und war trotz der Backofenhitze die letzten 3000 Fuß das ganze Jahr über mit Schnee bedeckt. Sah ich nach links, schweifte mein Blick über den dicht bewaldeten grünen Buckel namens Nyeri Hill.

Seremai lag fünf Meilen von der Ortschaft Nyeri entfernt, wenn man die Hauptstraße von Nanyuki nach Nyeri nahm, die über den Fluß Chania führte. Es gab jedoch auch eine vielbenutzte Abkürzung. Diese ging hinunter zu einem holprigen Murrampfad (Murram ist ein rötlicher Kies, den man zu Kolonialzeiten für die Straßendecke verwendete), der mittels einer provisorischen Holzbrücke über den Fluß führen sollte. Wenn der Fluß bei Regen stieg, war die Überquerung unmöglich. Man konnte auch nie sicher sein, ob die Brücke hielt, weil die Afrikaner regelmäßig ein wenig Holz daraus zum Feuermachen entfernten. Viele Straßen wurden während der Regenzeit für Autos so gut wie unpassierbar, sehr zum Verdruß der europäischen Fahrer, die fürchteten, unerkannte Hindernisse könnten ihr Fahrgestell zerstören. Ein vertrauter Anblick während der Regenfälle war damals, in den alten Zeiten, als die Straßen noch nicht richtig befestigt waren, ein Auto, das bis zu den Achsen im Wasser stand, und ein Afrikaner, der vorausging, um mit einem Stock nach Schlaglöchern zu tasten. Wenn JC in diese Situation kam und kein Afrikaner zur Hand war, schubste er mich in die Fluten.

Eine Besonderheit gab es meiner Erinnerung nach nur auf den hügeligen gewundenen Straßen von Nyeri. Parallel zur Straße verlief häufig wie eine frühe Version einer zweispurigen Straße ein weiterer Pfad, der *ngombe*-Pfad. Er war für die Ochsenwagen gedacht. Während der Regenzeit gruben die Räder der Ochsenkarren tiefe Furchen in den durchnäßten Murram, und der *ngombe*-Pfad sollte die Karren während der Regenfälle von der Straße fernhalten. Da auf diesen Pfaden niemals großer Verkehr herrschte, ritt ich später immer mit meinem Pony darauf.

Verließ man die Straße von Nyeri nach Nanyuki und gelangte auf das Anwesen, stieß man zur Rechten direkt auf den Hangar, in dem JC seine Flugzeuge untergebracht hatte, und davor auf seine private Landebahn. Als 1939 der Krieg ausbrach, ließ die Regierung Baumstämme über die Landebahn legen, damit die Italiener, die im benachbarten Somaliland Kolonialherren waren und sich mit Hitler gegen Großbritannien verbündet hatten, dort nicht landen konnten. Das machte JC sehr wütend, denn damit beschnitt man in jedem erdenklichen Sinne seine Flügel, doch mir machte es Spaß, denn für mich und mein Pony ergaben die Stämme einen idealen Sprungparcours. Jenseits der Landebahn stand eine Gruppe runder, reetgedeckter Hütten, in de-

nen Afrikaner lebten, die auf der Kaffeefarm arbeiteten. Nach Sitte der Afrikaner wird eine Hütte abge-
brannt, wenn jemand in ihr gestorben ist. Ich erinnere
mich, daß ich dies einmal gesehen habe, vermutlich
nach einem Fall von Lepra, die damals unter den Afrikanern noch weit verbreitet war. Doch meistens wollten sie ihr Zuhause nicht aufgeben. Dann zerrten sie
das Opfer zum Sterben nach draußen, und manchmal
taten die Hyänen das Ihre.

Die Kaffeebäume, die den Reichtum des Anwesens
begründeten, standen auf von Murramwegen umgebe-
nen Parzellen. An den Wegen waren Grevilleas gepflanzt, in Südafrika als Silbereiche bekannt, die überall
im Hochland als Schattenspender für den Kaffee wuchsen. Heute wird ihr auffallend marmoriertes Holz immer öfter für die Herstellung von Möbeln genutzt. Es
sind prächtige Bäume mit zarten, farnähnlichen Blät-
tern, die Oberseite grün, die Unterseite silbrig, und mit
leuchtenden orangefarbenen Blüten von bis zu zwölf
Zentimetern Länge, ähnlich geformt wie ein Zylinder-
putzer. Aus ihnen tropft buchstäblich der Nektar, und
sie ziehen nicht nur Bienen, sondern auch die verschie-
densten, bunten Sonnenvögel, die es im Hochland im
Überfluß gibt, magnetisch an.

Einer dieser Grevilleapfade führte zum Haus. Auf
den letzten zwei-, dreihundert Metern waren zwischen
die Grevilleas Jakarandabäume gepflanzt worden. Die
Jakaranda ist eine binnenländische Pflanze. Ihre auffälligen lilablauen, glockenförmigen Blüten, die bis zu

vier Zentimeter lang werden können, machen sie zu einer der betörendsten Blumen Afrikas. Weil die Jakarandas zwischen den Grevilleas standen, lehnten sie sich aneinander, und wenn die Blüten fielen, bildeten sie einen blauen Teppich. Wenn wir also zur Zeit der Jakarandablüte auf das Haus zugingen, gingen wir buchstäblich durch einen blauen Blütentunnel.

Nachdem man durch den Jakarandatunnel gefahren war, kam man zu einem riesigen, hufeisenförmigen Rasen, der nur während der Regenzeit grün war und in dessen Mitte eine riesige Schuppentanne stand. Um zum Haus zu gelangen, fuhr man an der rechten Seite des Rasens entlang, wo die runde Auffahrt ein großes Blumenbeet mit langstieligen blauen und weißen Schmucklilien umfing. Jenseits der Auffahrt lag der, ebenso wie die Auffahrt mit Murram gedeckte Tennisplatz (erst als ich nach Europa kam, erfuhr ich, daß es auch Rasentennisplätze gibt). Zu Lebzeiten meiner Mutter waren Tennispartys ein regelmäßiger Bestandteil des gesellschaftlichen Lebens auf Seremai, aber JC spielte kein Tennis, und ich erinnere mich nicht, daß der Platz oft benutzt wurde.

Unser Zuhause war ein einstöckiges, graues Gebäude aus Stein. Wie viele Kolonialhäuser war es nicht besonders auffällig. Es hatte ein Pyramidendach mit Schindeln aus Zedernborke, hohe Schornsteine für die offenen Kamine und an zwei Seiten eine erhöhte Veranda.

Das Haus war um einen gepflasterten Hof herum errichtet, in dessen Mitte ein erhöhtes Blumenbeet lag.

Dieses bedeckte die Senkgrube und war mit rosa Oleanderbüschen und prächtigen Krotonlilien bepflanzt, die jedes Jahr in der Regenzeit erblühten. Einmal mußte die Senkgrube ausgehoben werden, weil zwei der Mungos, die wir als Haustiere hielten, sich auf der Suche nach Insekten und Schlangen einen Tunnel gegraben und hineingefallen waren. Wir vermißten sie erst, als es Zeit zum Schlafengehen war und wir die Tiere riefen, jedoch nur ihr dankbares Antwortzirpen aus der Grube vernahmen.

Der Hof in Seremai war von einem Korridor umgeben, von dem die Zimmer des Hauses abgingen. Mein Lieblingszimmer war das Wohnzimmer. Es hatte einen wunderschönen Parkettboden aus Zedernholz, der immer makellos saubergehalten wurde, einen prunkvollen Kamin und einen Flügel, den man vermutlich nur dort hingestellt hatte, um Eindruck zu schinden, denn er wurde kaum benutzt. John Carberry war, wie die meisten Siedler jener Zeit, ein passionierter Jäger (im Nachruf meiner Mutter im *Star* beschrieb man ihn als »einen der größten Großwildjäger der Welt«), und das Wohnzimmer hing voller Jagdtrophäen. Ein riesiger Büffelkopf beherrschte den Kamin. Eines der Sofas war mit einem schwarzen Leopardenfell bedeckt, und auf dem Flügel stand eine Lampe aus einem ausgestopften Albino-Colobusaffen, der eine Glühbirne hochhielt.

Vom Wohnzimmer ging es ins Eßzimmer. Dort stand ein Waffenschrank. In den Augen der Europäer war Afrika ein wildes Land. Alle besaßen Waffen, sowohl für die Jagd als auch zum Schutz. Die Erwachsenen hatten nachts immer eine Waffe zur Hand, entweder auf dem Nachtschränkchen oder unter dem Kopfkissen. Frauen hatten hübsche kleine Pistolen mit Perlmuttintarsien. Maxwell Trench, der Geschäftspartner meines Vaters in Seremai, brachte mir, als ich noch ziemlich klein war, mit der 0.22er-Büchse, die meiner Mutter gehört hatte, das Schießen bei. Wir gingen oft in den Busch hinaus, um eine »Tommy« zum Essen zu schießen (eine Thomsongazelle). Maxwell lehrte mich eine goldene Regel, nämlich niemals, wirklich niemals, mit einer Waffe auf einen Menschen zu zielen. »Und komm mir nicht mit diesem Unsinn, ›sie ist ja noch nicht mal geladen‹«, sagte er immer. »Wenn jemand das zu dir sagt, vertrau bloß nicht darauf. Öffne stets den Verschluß, und prüf es nach.«

Auf der einen Seite des Wohnzimmers befand sich der Küchenblock. Dieser Flügel umfaßte Speisekammer und Wäscheraum sowie Schlaf- und Badezimmer von Monsieur Beaudet, einem freundlichen Franzosen, der auf John Carberrys Gehaltsliste stand, damit er sich um dessen Flugzeugflotte kümmerte. Auf der anderen Seite führte der Korridor vom Wohnzimmer zu einer Reihe von Gästezimmern, und ganz am Ende lag John Carberrys Schlafzimmer mit einem eigenen, luxuriösen Badezimmer. Dahinter lag, in ausreichender Entfernung zu den Zimmern, in denen sich die Erwachsenen aufhielten, ein Anbau für Kinder und Kindermädchen. Dieser umfaßte eine Glasveranda und zwei Schlafzimmer und Badezimmer für mich und die Person, die sich um mich kümmern sollte. Der vom Mittelpunkt des Hauses abgelegene Ort meines Schlafzimmers stellte sich in späteren Jahren als ideal heraus, wenn es als Gefängnis dienen sollte und ich manchmal viele Tage am Stück ohne regelmäßige Mahlzeiten dort eingesperrt wurde, weil man mich für diverse angeblich begangene Missetaten bestrafen wollte.

Wenn ich an Seremai denke, erinnere ich mich eher an die Umgebung als an das Haus: die leuchtendbunten Farben der tropischen Blüten – überall rankte sich lila Bougainvillea empor, vom Zaun des Tennisplatzes bis zu den Gummibäumen, üppiger Hibiskus in allen Farben des Regenbogens, das lebhafte Gelborange der tropischen Clematis, die karminroten, tulpenartigen Blüten der Flammenbäume. Das Leben in den Tropen ist deshalb so reizvoll, weil man immer das Gefühl hat, die Kräfte des Lebens seien dort ein wenig höher eingestellt, wie ein Fernsehgerät, bei dem ein wenig der Farbknopf verdreht ist. Weil die Sonne so lange scheint, sind die Pflanzen größer und bunter und duften betörender als in gemäßigtem Klima. Ich erinnere mich außerdem an das Plappern, Grunzen und Rufen der wilden Tiere und den unnachahmlichen Duft, der in allen Menschen, die Afrika gut kennen, unausweichlich die Erinnerung an das Land wachruft – der belebende, anregende Geruch des durstigen afrikanischen Bodens, wenn er die ersten, lebenspendenden Tropfen des lang ersehnten Regens aufsaugt.

Den größten Teil meiner Kindheit verbrachte ich draußen. Die Erwachsenen mit ihrer endlosen Trinkerei und ihrer rauhen Fröhlichkeit, in die sie damit unvermeidbar ausbrachen, stießen mich ab. Ich zog die Gesellschaft der Afrikaner vor, die zwar auch laut waren, aber auf eine spontane, gutmütige Art, die mich zu ihnen hinzog. Viel Getöse stammte jedoch von dem nie endenden Kampf ums Überleben, in dem die wimmelnde Tierwelt entweder als frohlockender Aggressor oder als protestierendes Opfer auftrat. Hoch hinauf stieg der Rote Milan, miauend wie eine Seemöwe, und seine ruhelosen Augen hielten Ausschau nach einem Hühnchen, das von seiner Mutter getrennt worden war. Die Hühner auf Seremai liefen frei herum und gaben uns Eier und köstliches, schmackhaftes Fleisch. Beim Laut des Miauens stieß die Henne einen spitzen Warnruf aus, worauf die Hühnchen sofort Schutz suchten. Rote Milane jagten auch Mungos. Mungos sind sehr laut und eilen zirpend umher. Wenn ein Roter Milan über einem Mungo auftauchte, gab dieser ein warnendes Grollen von sich, und alle anderen verschwanden. Vereint in der Gefahr, lernten die Tiere, die Sprache der anderen zu verstehen. Wenn der Mungo, der als Wache abgestellt war, sein »Roter-Milan-Warnknurren« ausstieß, eilten die Hühnchen in alle Richtungen davon, ohne auf den Ruf der Mutter zu warten.

Weil viele Tiere in Afrika nachtaktiv sind, ist der Lärm nachts sogar noch größer als am Tag, falls das überhaupt möglich ist. Im Hochland zerreißen Bellen,

Husten, Grunzen, Knurren, Kreischen und Rufen die Nachtluft. In England würde man vielleicht eine Katze oder einen Fuchs dabei erwischen, wie sie versuchen, den Deckel des Mülleimers zu öffnen. In Afrika sind dafür die Hyänen zuständig. Sie haben einen großen Wortschatz, und nichts rüttelt einen in einer afrikanischen Nacht mehr auf als das Rufen, Murren, Kreischen und gellende Schreien der Hyänen, die den Mülleimer überfallen und sich an seinem Inhalt satt fressen wollen. Man kann das Bellen des Schakals hören – »brack-brack« –, der eine Gefährtin sucht, oder jenen einen Laut, der mir wirklich angst machte: eine Mischung aus dem Sägen von Holz und einem Husten, das anzeigte, daß sich dort draußen ein Leopard aufhielt.

Kaffee war der Hauptpfeiler des Lebens auf Seremai, dessen reiche rote Erde unglaublich fruchtbar war. Vom Aussäen bis zur Verpackung fand alles in Seremai statt, denn dort gab es eine eigene Fabrik. Die Kaffeebüsche, noch 1915 ein paar zarte, wenige Zentimeter hohe Setzlinge, waren inzwischen groß und auf eine Höhe von ungefähr zwei Metern zurückgeschnitten, damit man sie leichter ernten konnte. Der Lebenszyklus der Kaffeepflanze ist eine bunte und duftende Angelegenheit, angefangen von den weißen Blüten, die nach Orange duften und deren Erblühen durch die Regenzeit angeregt wird, bis hin zu den scharlachroten Beeren an den vollbehangenen Sträuchern. Wenn die Früchte reif waren, schickte man die Afrikaner zum

Ernten in die Büsche, die sich so weit erstreckten, wie das Auge reichte. In jeder Beere steckten zwei gekerbte Samen in einer silbrigen Haut. Das sind die Kaffeebohnen. Die Beeren wurden gepflückt, geschält und auf einen großen Haufen geworfen. Dann wurden sie gewaschen und zum Trocknen in der Sonne auf großen Tabletts ausgebreitet. Danach enthülste und röstete man die Bohnen in einem großen Faß über einem Holzfeuer. Zum Schluß mußten die Bohnen in Zellophan verpackt werden.

Ich liebte es, in die Fabrik hinunterzugehen und beim Verpacken zu helfen. Die Verpackung war über und über mit »C and T Coffee« bedruckt – Carberry und Trench. Die Packungen waren für die vornehmsten Frühstückstische im fernen England bestimmt. In jenen klassenbewußten Tagen gab es sogar den Kaffee in unterschiedlichen Qualitätsstufen. Der billigere Typ, den die Einheimischen gerne tranken, wurde »Buni« genannt, während wir zu Hause das erstklassige Zeug, den besten »Arabica« genossen.

Etwas hinter der Kaffeefabrik lag die Sodawasserfabrik. Meistens wurde hier einfaches Sodawasser und Ingwerbier hergestellt, doch eine Zeitlang importierte John Carberry aus den USA auch den Grundstoff für Coca-Cola. Ich fand das Ergebnis köstlich – sogar besser als mein Lieblingsgetränk Milch – und war sehr enttäuscht, als mein Vater Schwierigkeiten wegen des Warenzeichens bekam und gezwungen war, die Produktion einzustellen.

Außerdem wurde auf Seremai Zuckerrohr angebaut. Die Afrikaner schälten die wächserne Haut ab, damit ich darauf herumkauen und den klebrig-süßen Saft herauslutschen konnte. Die übriggebliebenen faserigen Stücke spuckte ich aus und gab sie meinem Pony, das sie sehr liebte. Bei der Fabrik gab es eine Maschine, die die Zuckerrohre zerstieß. Der Saft floß durch einen Spunt in große Fässer. Ich hielt immer eine Dose unter den Spunt und fing die Flüssigkeit auf. Es kümmerte mich nicht, daß sie noch voller Rückstände wie Fasern und Ameisen war, sie schmeckte einfach köstlich. Fässer voller Zuckersaft brachte man sowohl zu unserem als auch zum Haus der Trenches und stellte sie neben die massiven Holzöfen, die sich in den Küchen der Europäer befanden. Dort blieben die Fässer einige Zeit lang stehen, bis sich Schaum auf dem Saft bildete. Damals wußte ich es noch nicht, aber das war das erste Stadium der Herstellung von Rum.

Maxwell Trench, die arbeitende Hälfte von Carberry und Trench, war ein weißer Jamaikaner, der 1914 nach einem Wirbelsturm nach Kenia gekommen war. Der Sturm hatte den größten Teil seiner Kaffeeplantagen in der Nähe von Montego Bay ins Meer gespült. Wie alle Westinder war er ein Experte für Rum. Die Kaffeefabrik beherbergte auch einen Destillierapparat, mit dem der Prozeß, der mit den Holzöfen begann, vollendet wurde. Die Herstellung von Alkohol war erlaubt, sofern er nur zum persönlichen Bedarf verwendet wurde. John Carberry ließ sich jedoch keine Gelegenheit entgehen, Geld zu machen, und so war er stets bereit, das Gesetz so weit wie möglich auszudehnen. Wenn auf Seremai Tennispartys stattfanden, bekamen die Gäste Rumflaschen in die Hand gedrückt. Zwar wurde ihnen der Rum strenggenommen nicht verkauft, doch hinterließen alle eine großzügige Zuwendung, um Carberry für seinen Aufwand zu danken. Später wurden in dem Destillierapparat Crème de Menthe, Gin und Eau de Cologne hergestellt. Der Gin war offensichtlich kein großer Erfolg.

Das Leben in Afrika in den zwanziger und dreißiger Jahren war noch ziemlich primitiv, selbst für die reichen Siedler, und ein Problem war die Elektrizität. Der Fluß Chania, der am Fuße eines steilen Pfades durch unser Land führte und haarnadelscharfe Kurven machte, mußte für die neuen Herren arbeiten. Die Kaffeefabrik wurde durch Wasserkraft betrieben. Man führte Wasser durch einen Kanal (wir nannten es eine Rinne) und trieb damit einen Dynamo an. Hinter der Fabrik verbreiterte sich die Rinne in aufeinanderfolgende aufgestaute Becken. In ihnen züchteten Carberry und Maxwell Trench Tilapia, einen Süßwasserfisch, der köstlich schmeckte und den ich oft zum Abendessen bekam. Die Afrikaner fingen den Fisch, dann brachten sie ihn zu Trenchs Frau Nellie, die ihn zusammen mit Trauben und Tomaten, die ebenfalls kommerziell auf Seremai gezogen wurden, auf dem Markt in Nyeri verkaufte. Nellie arbeitete unermüdlich und kümmerte sich außerdem um den riesigen Gemüsegarten, den die beiden Haushalte sich teilten. Das perfekte Klima und der fruchtbare Boden müssen die Gemüsezucht zu einem wahren Vergnügen gemacht haben. Wir hatten Mangos, Avocados, Orangen und Zitronen, Pflaumen, Maulbeeren und alle Gemüse, die man sich vorstellen kann, einschließlich Karotten, Kohl, Salat, Tomaten, Spinat und *kalulu* (jamaikanischen Spinat).

Mein Lieblingsplatz auf Seremai lag hinter dem Haus. Man erreichte ihn, wenn man nach dem Jakarandatunnel nicht nach rechts, sondern nach links abbog. In diesem Bereich lagen so profane Dinge wie die Wassertanks, Garagen, Benzinpumpen und die Büros der Kaffeeplantage. Dort lebten auch die Tiere. In jenen Tagen mußten sich abgelegene Farmen selbst versorgen, und die Hühner und Kaninchen waren Eier- und Fleischlieferanten. Wie Generationen von Kindern, die ohne Supermärkte aufgewachsen sind, war ich nicht entsetzt, sondern fasziniert, wenn ein Hühnchen noch durch den Hof lief, obwohl man ihm bereits den Kopf abgeschlagen hatte – für gewöhnlich war ihm ein Afrikaner auf den Fersen. Aber nicht alle unsere Tiere waren für die Pfanne bestimmt, wir hatten auch eine ganze Reihe von Haustieren. Ich hatte einen schwarzweißen, terriergroßen Mischling namens Bobby. Wir sorgten jedoch immer dafür, daß die Hunde nachts im Haus waren, um sie vor den Leoparden zu schützen, die zahlreich durch das Hochland streiften und es ganz besonders auf Hunde abgesehen hatten. In einigen Fällen führte dies sogar dazu, daß Menschen angegriffen wurden, weil ein Hund, der verfolgt wird, natürlich zu seinem Herrn flüchtet. Als ich klein war, erzählte man sich Geschichten über Europäer, die auf ihrer Veranda saßen und an einem Dämmerschoppen nippten, als plötzlich ein entsetzter Hund, dem ein Leopard auf den Fersen war, auftauchte. Wir hatten auch Schildkröten. In England sind Schildkröten normalerweise uralt und leben immer allein und im Zölibat. In Afrika sind sie leidenschaftliche – und sangesfreudige – Casanovas und vermehren sich heftig. Als kindliche Voyeurin hatte ich großes Vergnügen an dem ekstatischen Grunzen der anscheinend unersättlichen Männchen.

Auch Chamäleons gehörten zu unseren Haustieren. Man fand sie in den Büschen und konnte sie leicht fangen, weil sie alles in Zeitlupe tun – alles, mit Ausnahme des Vorschnellens ihrer langen Zunge, mit der sie Insekten fangen. Das aber tun sie schneller, als das Auge sehen kann. Die Afrikaner haben Angst vor Chamäleons. Sie glauben, sie bringen Unglück, und ich machte mir einen Spaß daraus, die *totos* (die afrikanischen Kinder) mit ihnen zu ärgern. Oft brachte ich ein Tier mit nach Hause, setzte es auf einen Ast in meinem Zimmer und fütterte es mit *dudus* (Insekten). Doch die Tiere interessierten sich nur dafür, wenn die Insekten noch lebten.

Meine Lieblingstiere waren jedoch die Geparden. Die Afrikaner fingen Gepardenbabys und verkauften sie an die Europäer, die sie als Haustiere großzogen.

Einmal hatten wir fünf Stück. Drei waren nicht zahm und lebten in einem großen Auslauf, doch Jackie und Muriel liefen frei herum, kamen gerne ins Haus und lagen wie große zahme Katzen auf dem Sofa im Wohnzimmer. Ich liebte sie heiß und innig und sie mich auch.

Geparden sind äußerst verspielt, sie pirschen sich allzu gerne heran und stürzen sich auf einen. Das macht viel Spaß, hat aber auch seine Schattenseiten, denn die Tiere haben eine einziehbare Afterklaue, mit der sie ihre Beute beim Fressen festhalten, und sie benutzen diese Klaue auch, wenn sie spielen. Sie springen plötzlich aus dem Hinterhalt hervor und hauen sie einem in den Knöchel. Natürlich ist die Klaue voll klebrigem Zeug, und die Wunden werden leicht infiziert, so daß es Eiterbeulen oder, wie wir es nennen, Buschlandwunden gibt, was in den Tropen ziemlich häufig vorkommt. Ich hatte dauernd diese Buschlandwunden. Wir waren viele Meilen von medizinischer Hilfe entfernt und behandelten diese Art von Problemen selbst. Die Medizin gegen Buschlandwunden hieß Magnesiumsulfat (eigentlich Epsomsalz) und Glyzerin zu einer Paste vermischt über Nacht auf die Wunde auftragen. Es tat höllisch weh, aber die Wunde war wirklich gereinigt.

Letztlich wurden alle Geparden eingesperrt, weil sie die Afrikaner terrorisierten, die auf der Kaffeefarm arbeiteten, und ihre Ziegen und Hühner erlegten. Sie waren nicht etwa besonders blutrünstig, aber es liegt in ihrer Natur, alles zu jagen, was vor ihnen flieht. Die

Afrikaner hatten Angst vor ihnen, weil sie sie nicht von den Leoparden unterscheiden konnten, obwohl Geparden ein gepunktetes Fell haben, Leoparden jedoch ein Rosettenmuster. Außerdem sind Leoparden kräftiger als Geparden, die zudem eine auffällige, tränenförmige Zeichnung in den Augenwinkeln haben. Auch vom Temperament her sind beide sehr unterschiedlich. Leoparden sind sehr wankelmütig und falsch, während Geparden zu freundlichen und verläßlichen Haustieren werden. Mehrere Menschen, die in Afrika lebten, nahmen junge Leoparden oder Löwen auf, doch stets endete dies in einer Tragödie, weil entweder das Tier getötet werden mußte oder ein Mensch sein Leben verlor. Eine Bekannte von mir hatte einen Löwen, der einen meiner Ehemänner angriff. Wir konnten ihn retten, doch in der folgenden Woche fraß der Löwe den Koch der Frau und mußte erschossen werden.

Die Geparden mußten mit rohem Fleisch gefüttert werden – wenn sie nicht in ihrer natürlichen Weise ernährt werden, bekommen sie Rachitis. Das bedeutete, daß wir regelmäßig in den Busch fahren mußten – normalerweise mit einem Suchscheinwerfer bei Nacht –, um Antilopen zu schießen. So kamen wir zu einem weiteren Haustier. Manchmal hatten die Antilopen, die wir schossen, ein Junges. Das brachten wir dann mit nach Hause und zogen es groß. Dabei wurde es zahm. Auf diese Weise kamen wir zu Hans, einem Riedbock. Wir fütterten ihn mit Kuhmilch aus einer Babyflasche. Er spielte gerne den Rabauken, senkte den Kopf und stürzte wie ein Ziegenbock auf uns zu. Das Problem war, daß die Hörner eines Riedbocks nach vorne hinausstehen und Hans zu einem sehr starken und damit gefährlichen Tier heranwuchs. Zuerst versuchten wir es mit Champagnerkorken, die wir auf die Hornspitzen steckten, doch die bekam er sofort wieder ab. Dann hielten wir ihn fest, schnitten ein Gewinde in sein Horn und drehten große Nüsse darauf, doch auch sie hielten nicht, weil die Hörner am Ende spitz zuliefen. Als er groß war, kam er immer zur Küchentür und bettelte um seine Milch, die wir ihm in einer *sufuria* (Pfanne) gaben. Wir behielten ihn eine ganze Weile, bis er eines Tages nicht mehr wiederkam.

Außerdem hatten wir einen Serval, den die Jungen Kibau getauft hatten. Er war völlig wild und lebte in einem großen Auslauf. Wie viele andere Europäer auch, besaßen wir zudem einen Stamm Mungos. Mungos sind entzückende Haustiere. Sie laufen im Rudel umher und sind den ganzen Tag sehr laut und gesellig, bei Nacht rollen sie sich zusammen und schlafen wie Katzen. Wenn sie Rudelmitglieder treffen, gibt es stets eine herrliche rituelle Begrüßung. Sie sind äußerst sauber. Wenn man ihnen eine Zeitung hinlegt, benutzen sie sie als Toilette, und zwar nur diese eine Zeitung. Außerdem sind sie absolut furchtlos. Wenn sie beißen, tut das höllisch weh, und sie verbeißen sich wie Terrier – damit sie loslassen, muß man ihnen eine brennende Zigarette auf die Nase drücken. Auf Seremai liefen sie herum und unterdrückten alle anderen Tiere.

Wenn man am Tisch etwas aß und ein wenig Essen hin-
unterwarf, rührte sich nur ein Tier, und das war der
Mungo. Wenn eine Katze eine Maus oder einen Vogel
fing, schlich sich der Mungo von hinten an und stahl
die Beute.

Die Geparden liebte ich sehr, aber ich hing auch an
Bwana Jo, einem Schimpansen. Als er klein war, lief er
an einer Hundeleine, und die Leute durften ihn strei-
cheln. Doch er wurde immer stärker und gefährlicher,
also bekam er eine längere Kette, die an einer Laufleine
zwischen zwei Pfosten befestigt war. Er lebte auf einem
großen Rasenstück vor dem Haus. Er hatte seine eigene
kleine Hütte, die ihm Schatten und Schutz bot, und ich
glaube, er war ganz glücklich. Ich stand immer früh
auf, lange vor den Erwachsenen, die nach durchzechten
Nächten ihren Rausch ausschliefen, und spielte und
tobte mit Bwana Jo. Er hat mir beigebracht, wie lecker
Termiten schmecken, die wie große fliegende Ameisen
aussehen und während der Regenzeit in großen Men-
gen auftauchen. Ich beobachtete ihn, wie er sie aß, und
wußte, daß auch die Afrikaner Termiten essen. So beschloß ich eines Tages, sie auch einmal zu probieren.
Ich fand sie köstlich. Ich mag sie auch heute noch – sie
sind so hübsch cremig –, aber man muß sie schnell essen, weil sie Kneifzangen haben. Jahre später, ich war
bei der Armee, ging ich mit einem neuen Freund aus.
Es war während der Regenfälle, und die Termiten flogen im Licht der Bar herum, in der wir essen wollten.
Während ich die Speisekarte durchging, fing ich abwe-

send eine Termite und aß sie auf, so wie man vielleicht an einer Olive oder an einem Kartoffelchip knabbert. Der Junge ging nie wieder mit mir aus. Die Afrikaner essen auch Heuschrecken, die in riesigen schwarzen Wolken von ihren Brutstätten im Sudan aus über Kenia einfielen. Man briet sie in Butter. Ich habe sie auch probiert, aber irgendwie fehlt ihnen der Charme der Termiten und der Geschmack von Gras.

Mein Freund Bwana Jo hatte zwar schon jemanden gebissen, aber ich hatte keinerlei Angst. Meiner Meinung nach waren er und ich die besten Freunde. Dann sah mich eines Tages jemand mit ihm und schrie mich an, ich solle von diesem gefährlichen Tier weggehen. Das legte in mir die Saat der Angst und des Mißtrauens, und ich konnte mich ihm nie wieder nähern. Es veränderte auch den Affen. Jedesmal, wenn er mich sah, stürzte er sich aggressiv auf mich.

Natürlich gab es auch Tiere, vor denen man sich vorsah, wie beispielsweise giftige Schlangen – gelegentlich hatten wir Kobras und Mambas im Haus, die immer eine totale Panik auslösten. Die Europäer schrien entsetzt nach den Afrikanern, damit diese die Dinger töteten, und die Afrikaner, die selbst Angst vor Schlangen hatten, warfen mit Stöcken und Besen um sich. Vor dem Anziehen schüttelten wir stets unsere Schuhe aus, um sicherzugehen, daß kein gruseliges Kriechtier hineingekrochen war. Wenn man wie ich barfuß lief, achtete man immer sehr genau darauf, wo man hintrat. Diese erworbene Wachsamkeit hat mir zweimal einen

Schlangenbiß erspart – ich spürte die Bewegung, kurz bevor die Schlange angriff. Auch in meinem neuen Leben in der Stadt hat mir diese Vorsicht gute Dienste geleistet. Anders als meine Freundinnen, die sich endlos über den Dreck auf Londons Straßen beklagen, trete ich niemals in Hundehaufen. Meine afrikanische Kindheit hat mich gelehrt, genau zu schauen, wo ich hintrete.

Ich kann mich kaum erinnern, in all den Jahren in Afrika einmal Angst vor den wilden Tieren gehabt zu haben. Tiere waren schon immer meine große Leidenschaft. Ich kann mich an die Namen jedes einzelnen Hundes erinnern, mit dem ich je gespielt habe oder spazierengegangen bin, obwohl mir der Name der Besitzer häufig kaum noch einfällt. Später, als ich fortging zur Schule, taten mir die europäischen Kinder leid. Sie mußten sich mit Hunden und Katzen als Haustiere zufriedengeben, während ich exotische Wesen wie Mungos, Schimpansen und Geparden als Spielgefährten hatte.

Memsahib Kidogo

Das Afrika der zwanziger Jahre war ein primitiver Ort, ganz besonders für Europäer, die an modernen Komfort auf hohem Niveau gewöhnt waren. Die Leute, auf die sich die Siedler in Sachen Tüchtigkeit oder Komfort in jeder Hinsicht verließen, waren ihre Bediensteten. Auf Seremai bekamen wir Elektrizität von einem wassergetriebenen Dynamo in der Kaffeefabrik, aber dieser funktionierte nur nach Einbruch der Dunkelheit. Wenn man tagsüber Radio hören wollte, mußte man das Gerät an die Autobatterie anschließen. Wenn wir schlafen gingen, wurde der Dynamo abgeschaltet. Bei den häufigen Partys mußte einer der Boys auf seinem Posten in der Speisekammer bleiben – normalerweise schlief er auf einer Decke zusammengerollt auf dem Boden –, bis der letzte Gast gegangen war. Dann begann ein merkwürdiges Ritual, das an Charlie-Chaplin-Filme erinnerte. JC weckte den Jungen mit einem Tritt und dem gebellten Befehl »*Setima!*« Das ist das Suaheli-Wort für »Dampf«, wurde aber weithin für »Elektrizität« benutzt. Dann mußte jener den gewundenen Pfad zur Kaffeefabrik am Fuße des Hügels hinunterlaufen und den Jungen wecken, der neben dem Dynamo schlief. Er bellte ebenfalls »*Se-*

tima!«, damit der zweite Junge den Dynamo ausschal-
ten konnte. Danach erhellten nur noch Sturmlampen
und Kerzen das Dunkel.

In jenen Tagen hielten die weißen Herren die Mü-
hen ihrer Bediensteten für selbstverständlich. Die meisten betrachteten die Afrikaner als Untermenschen.
Ganz besonders die Köche hatten es schwer. Es war
ihre Aufgabe, auf den unhandlichen Holzöfen, die die
meisten Siedler bevorzugten und die keine Tempera-
turregler hatten, umfangreiche und ungewohnte europäische Mahlzeiten zuzubereiten. Zu allem Überfluß
erwartete man von ihnen, daß sie bei einer Party flexi-
bel waren und sich nicht beklagten, wenn sie ein per-
fektes Essen fünf Stunden später servieren mußten,
weil die Gäste lieber weitergetrunken hatten. Sie mußten sich zudem um bis zu einem Dutzend unerwarteter Gäste kümmern. Mit den Drinks wurden die »first
toasties« serviert. Dies war die koloniale Tradition, vor
dem Essen zu den Drinks heiße Häppchen wie beispielsweise Sardellen auf Toast zu servieren. (Die Afrikaner konnten es nicht aussprechen und machten »firsty
toasties« daraus.) In vielen europäischen Haushalten,
in denen heftig getrunken wurde, nahm man das Dinner oft erst viele Stunden nach diesen heißen Häppchen ein. Die Boys wurden selten gelobt, häufig ange-
schrien und manchmal geschlagen.

Es hatte etwas außerordentlich Unfaires, daß die Europäer an den Afrikanern mangelnde Zivilisiertheit
und Schliff beklagten, während sie ihnen gleichzeitig

die Bedingungen vorenthielten, unter denen diese Eigenschaften gedeihen können. Im Gegensatz zu den Afrikanern hatten wir fließendes Wasser in unseren Badezimmern und Toiletten, und dazu noch heiß. Das tägliche Bad war für die Kolonialherren selbstverständlich – Körperhygiene war in der Hitze unabdingbar –, und die Hygienestandards im alten Europa entsetzten uns oft. John Carberry war so abgestoßen von der Gewohnheit, nur zweimal pro Woche zu baden, was man in einer meiner Schweizer Schulen für ausreichend erachtete, daß er einen Brief an die Direktorin schrieb und forderte, ich habe jeden Tag zu baden. (Einer viktorianischen Auslegung der Medizin zufolge, die jeglichen Menschenverstand auf den Kopf stellte, durften wir überhaupt nicht baden, wenn wir unsere Tage hatten.)

Die Installationen auf Seremai waren ein Wunder einfacher Technik. Wasser, das den ganzen Besitz versorgte – zwei Häuser, die Kaffeefarm, die Ställe, Gärten usw. –, wurde aus dem Fluß Chania in einen stahlverkleideten Tank gepumpt, der ungefähr sechs Meter breit und drei Meter hoch war. Es war ein sogenannter Braithwaite-Tank, den auch die Eisenbahn für den Dampf ihrer Lokomotiven benutzte. Der Tank stand auf ein Meter hohen Stelzen, die wie eine riesige Version meines Meccano-Baukastens wirkten. Das heiße Wasser für die Badezimmer kam aus einem anderen Tank, eigentlich ein auf der Seite liegendes, 20 Liter fassendes Ölfaß. Es lag mehr in Bodennähe auf einem

System aus Steinstützen und wirkte eher wie ein Heimgrill. Jeden Morgen und jeden Abend wurde darunter ein Holzfeuer entzündet. Wollte man nachmittags baden, mußte man dem Küchen-*toto* sagen, er solle ein Feuer entfachen. Wegen der roten Erde kam das Wasser braun aus dem Hahn. Besonders viel Spaß machte es mir, ganz still in der Wanne zu liegen und zuzusehen, wie mein Nabel sich mit Schlamm füllte. Um das Wasser zu trinken, mußte es von einem Gerät in der Speisekammer gefiltert werden. Es sah aus, als stamme es noch aus den frühen Tagen der industriellen Revolution, und man mußte sogenannte Kerzenfilter dafür kaufen.

Die Boys lebten dagegen außerordentlich spartanisch. Auf Seremai lagen ihre Quartiere wie in allen anderen Haushalten weit abgelegen vom Haus. Es waren Steinhütten mit Blechdach, die kahlen Mönchszellen glichen und diskret von einer Reihe Gummibäume verdeckt wurden. Diese Quartiere waren für mich streng verboten. Die Europäer beschwerten sich, daß die Afrikaner stanken. Doch weil es in Nyeri in der Nacht und frühmorgens extrem kalt war und sie zum Waschen und für die Latrinen nur kaltes Wasser hatten, überraschte mich das nicht sonderlich.

Im Gegensatz zu den Erwachsenen, die, wie ich schon sagte, die Afrikaner als Untermenschen betrachteten, verband mich mit vielen unserer Boys eine enge Freundschaft. Die Erwachsenen auf Seremai mißbilligten es, wenn man sich mit den Afrikanern verbrüderte, doch mir waren die Rassen- oder Klassenschranken völlig gleichgültig. Ich betrachtete die *totos* als meine Spielgefährten. In den folgenden Jahren, als meine Beziehung zu denen, die sich um mich kümmern sollten, schlechter wurde, zeigten einige der älteren Boys ein Beschützerverhalten, das schon an Verschwörung grenzte. Wenn ich in meinem Zimmer eingeschlossen wurde, schmuggelten sie Essen für mich rein – ein Verbrechen, denn wenn sie erwischt wurden, riskierten sie ihre Entlassung. Weil ich als Ebenbürtige mit ihnen sprach, lernte ich ihre Sprache und konnte schon bald fließend Suaheli, die große, allgemeine Verkehrssprache in Ostafrika. Ich lernte sogar ein wenig Kikuyu und hatte damit einen Vorteil gegenüber den meisten Erwachsenen, die wie fast alle Engländer Mühe mit Fremdsprachen hatten und sich sehr schwer damit taten, sich mit den Afrikanern zu unterhalten. Das lag zum Teil an der Arroganz, mit der die meisten Europäer es als unter ihrer Würde betrachteten, die Sprache der Eingeborenen zu lernen. Mit wenigen Ausnahmen (zum Beispiel den Trenches) redeten die Siedler mit den Afrikanern in einer verdrehten Version von Suaheli, *»Kisettler«* genannt. Wenn ich so zurückblicke, ist es für mich ein absolutes Wunder, daß die Afrikaner überhaupt verstanden, was die Frauen, die die kolonialen Haushalte führten, von ihnen wollten. Obwohl John Carberry den größten Teil seines Lebens als Erwachsener in Kenia verbrachte, lernte er nicht mehr als ein paar Worte. *»Setima«* war eines davon, *»sukuma«* ein anderes, oft durch »*pole pole*« oder das Gegenteil »*pesi pesi*« genauer beschrieben. Diese Worte benutzte er, wenn die Jungen sein Flugzeug zurück in den Hangar brachten. »*Sukuma*« bedeutet »schieben«, »*pole pole*« heißt »langsam« oder »vorsichtig«, und »*pesi pesi*« heißt »schnell, beeilt euch«. Der Ausdruck, den die Weißen am häufigsten benutzten, wenn sie mit den afrikanischen Arbeitern auf der Kaffeefarm sprachen – die Afrikaner machten viel Lärm dabei –, lautete »*watcha kelele*« – seid still.

Alle Diener auf Seremai waren männlich, wie überall in Kolonialafrika, wenn keine weiblichen Ayahs eingestellt wurden. Unsere gehörten alle zum Stamm der Kikuyu, denn unser Besitz lag auf Kikuyu-Land. In jenen Tagen trugen alle Afrikaner Stammeszeichen, ein Überbleibsel aus der Zeit ständiger Stammesfehden. Anhand der Zeichen konnte man nach einer Schlacht die eigenen Toten identifizieren. Die Kikuyu durchstießen die Ohren ihrer Kinder und dehnten das Loch mit immer größeren Holzscheiben, bis die Ohrläppchen den Erwachsenen schließlich bis auf die Schultern hingen. Diese hängenden Ohrläppchen nannte man *ndebes*. Wenn ein Kikuyu Polizist werden wollte, mußte er die Ohrläppchen ordentlich tragen. Dazu hängte er sie über den oberen Teil der Ohren. Ein weiteres Kennzeichen der Kikuyu war eine Lücke in der Mitte zwischen den unteren Vorderzähnen. Dies war die Folge der Entfernung der beiden Zähne zum Schutz bei Tetanus, in jenen Tagen weit verbreitet in Afrika. Falls es zur Maulsperre kam, konnte man durch die Lücke Nahrung einführen.

Statusbewußte Siedler der berüchtigten Happy-Valley-Clique hatten Diener aus Somali. Sie galten als vornehmer, eher vergleichbar mit dem englischen Butler, als unsere gewöhnlichen Kikuyu-Boys. Wir hatten zu Hause eine ständige Mannschaft von sechs Leuten, die praktisch keusch lebten, denn ihre Frauen lebten getrennt von ihnen im Reservat, das hinter den Grenzen unseres Besitzes begann. Sie mußten sich um die Kinder kümmern und Lebensmittel anbauen. Frauen tauchten auf Seremai nur während der Kaffee-Ernte auf, wenn sie dort als Pflückerinnen arbeiteten. Die Boys sahen ihre Frauen, wenn sie frei hatten, was jedoch nur einmal im Jahr war, und manchmal nicht einmal das.

Diese Diener trugen lange Baumwollgewänder, die *kanzus*, und auf dem Kopf einen roten Fez. Der *kanzu* für alle Tage war rostbraun. Wenn unser oberster Boy Gatimu jedoch am Tisch bediente, tauschte er seinen braunen *kanzu* gegen einen weißen ein, dazu trug er einen ärmellosen roten Bolero mit Goldstickerei. Unter dem *kanzu* trugen sie Shorts. Das wußte ich, weil alle Kikuyus Schnupftabak nehmen, den sie *bakki* nennen. Kamau, der sich um mich kümmerte, bewahrte seinen Schnupftabak in einer Dose in einer Tasche seiner Shorts auf. Hin und wieder riß er seinen *kanzu* hoch, holte die Dose aus der Tasche und schniefte geräuschvoll eine Prise in jedes Nasenloch.

Wir wußten nie, wie alt die Afrikaner waren, denn die Kikuyu zählten ihr Alter nicht vom Tage der Geburt an, sondern vom Tag ihrer Beschneidung, und sie wurden in Gruppen beschnitten, so daß das Alter innerhalb einer Gruppe um fünf Jahre und mehr variieren konnte. Ich habe niemals eine Beschneidung gesehen, aber durch den Lärm der Frauen wußten wir immer, wann eine vorgenommen wurde. Die Zeremonie fand am frühen Morgen unten am Fluß statt. Die Jungen, zwischen elf und sechzehn Jahre alt, mußten sich in den Fluß stellen, damit das kalte Wasser ihre Geschlechtsteile betäubte. Es galt als unmännlich, Schmerz zu zeigen, und um ihre Schreie zu übertönen, stießen die Frauen merkwürdige hohe Schreie aus, ein regelrechtes Heulen, das ganz charakteristisch ist für die Frauen afrikanischer Stämme. Auch die Mädchen wurden beschnitten, aber selbst als ich noch ein Kind war, fand ich es schwierig, mit afrikanischen Frauen in Kontakt zu kommen, nicht nur, weil sie im Reservat blieben, sondern auch, wie sie kein Suaheli, sondern nur Kikuyu sprachen. Das erschwerte die Verständigung. Wenn ich versuchte, mit ihnen zu reden, brachen sie in verlegene Heiterkeit aus, und so gab ich es bald auf. Außerdem stanken sie. Nicht nach Körperschweiß, sondern nach den Häuten, die sie statt gewebter Textilien trugen. Sie waren mit Rizinusöl eingeschmiert. Diese Pflanze wuchs dort im Überfluß. Aber Schönheit liegt im Auge des Betrachters: Waiganjo, der sich um JCs Flugzeuge kümmerte, erzählte mir, wenn er nach

Hause komme, sagte seine Mutter, daß *er* stinke – nach Seife!

Wir auf Seremai waren ungewöhnlich, weil wir stets eine europäische Haushälterin hatten, vielleicht ein Vermächtnis von JCs aristokratischem Erbe. Ihre Aufgabe war es, ein Auge auf Essen und Trinken zu haben und neue Lebensmittel zu bestellen. Man ging davon aus, daß Europäer dabei vertrauenswürdiger waren als Afrikaner. Leider sollte sich herausstellen, daß das nicht der Fall war. Bei einer von ihnen fanden wir heraus, daß sie das ganze alkoholische Zeug getrunken hatte, das wir auf Lager hatten. Ihr Vergehen wurde erst entdeckt, nachdem sie uns verlassen hatte, denn sie war so umsichtig gewesen, die Whiskyflaschen mit Tee und die Ginflaschen mit Wasser aufzufüllen.

Unter den afrikanischen Angestellten betrachtete sich Gatimu als ein wenig über den anderen Boys stehend, denn er sprach etwas Englisch, konnte schießen und Auto fahren. Er kümmerte sich um das Elternschlafzimmer und bediente bei Tisch. Oft sprang er auch als Fahrer ein. Waiganjo kümmerte sich um das Flugzeug, Kamau um mich, Mathenge half beim Anrichten, Kimani war der Koch, während ein anderer, der *Küchen-toto*, die Töpfe und Pfannen abwusch. Der einzige Diener, der nicht zu den Kikuyu gehörte, war Anderea, der *dhobi* oder Wäschejunge. Er kam aus Uganda. Seine Arbeit war sehr schwer, weil die gesamte Wäsche in kaltem Wasser von Hand gewaschen wurde. Er hatte ein großes, schweres Bügeleisen, das auf Holzkohle erhitzt wurde. Der *dhobi* mußte dauernd in die Kohle blasen, damit sie heiß wurde, und wenn es soweit war, sprangen kleine Funken hoch und brannten immer wieder Löcher in die Kleidung.

Anderea spielte noch eine zweite Rolle. Das Wort *»fundi«* bedeutet »Experte« oder »der, der etwas richtet«. Wenn es um Sandflöhe ging, war Anderea genau der richtige *fundi*. Der Sandfloh ist ein Insekt, dem gewöhnlichen Floh ähnlich, dessen Weibchen ihre Eier gerne in ein Loch in der menschlichen Haut legen – normalerweise in eine Ecke des Nagels vom großen Zeh. Die Erwachsenen tränkten ihre Schuhe mit Paraffin, um die Sandflöhe abzuschrecken, doch da ich stets barfuß lief, bekam ich ständig welche. Es juckt höllisch, wenn man Sandfloheier im Fuß hat. Für gewöhnlich entdeckt man sie abends im Bett, wenn man sich ständig den Zeh am Bettlaken reibt, um den Juckreiz zu vertreiben. Um die Eier herauszuholen, nahm Anderea die Spitze einer Sicherheitsnadel, die er in einer Kerzenflamme schwärzte. Dann schälte er vorsichtig die Haut des Zehs zurück und holte den Eiersack heraus, ohne ihn zu zerstören. Man mußte genau den richtigen Zeitpunkt abwarten, und manchmal, wenn ich das Jucken nicht mehr aushalten konnte, schickte Anderea mich weg und sagte, ich solle erst am nächsten Tag wiederkommen. Wenn man nämlich versuchte, die Flöhe zu früh zu entfernen, konnte man den Eiersack aufbrechen. Dann infizierte sich der Zeh. Wenn der Sack, von der Größe einer kleinen Erbse, an einem Stück entfernt wurde, konnte man das Insekt in der Mitte als schwarzen Punkt erkennen. Dann rief Anderea triumphierend *»Angalia!«* – »Sieh mal!« –, hielt das Ei in die Kerzenflamme und verbrannte es. Dickie, der älteste Sohn meiner ersten Gouvernante, hatte einmal einen Sandfloh am Ende seines Penis – alle kleinen Kinder in Afrika rannten nackt herum und wälzten sich im Dreck. Die Entfernung des Eis – nach der klassischen Anderea-Methode – muß furchtbar schmerzhaft gewesen sein. Ich erinnere mich an ein großes Geschrei und Geheule.

Ich weiß, daß ich wie alle Kinder von Kolonialherren verwöhnt wurde, ständig kümmerte sich jemand um mich und nahm mir alle lästigen Pflichten ab. Wie bei den meisten europäischen Kindern lag die Verantwortung für meine Fürsorge in der Hand ausgewählter Kräfte – einige von ihnen Weiße, einige Afrikaner. Während meine Eltern um die Welt reisten, lief ich also barfuß und halbnackt durch Afrika, ohne so recht zu wissen, daß ich überhaupt Eltern hatte. In meinen sieben ersten Lebensjahren hatte ich eine Ersatzmutter in Gestalt von Kathleen Carlysle, einem in England ausgebildeten Kindermädchen, das meine Mutter durch eine Annonce im *Tatler* gefunden hatte. Besonders gut erinnere ich mich, daß Kathleen – oder Girlie, wie ich sie nannte – ein goldenes Sklavenarmband trug und daß sie mich vergötterte. Später heiratete sie den Manager der Standard Bank in Nyeri, der nächstgelegenen Stadt, wo ich sie und ihre beiden Kerry-Blue-Terrier, Kerry und Rebel, häufig besuchte.

Daneben kümmerte sich Kamau um mich, mein afrikanischer Ayah. Kamau war schon älter und sehr freundlich, und er hatte eine sonderbare, runde Delle auf der Stirn. Er nannte mich entweder *memsahib kidogo* (kleines Fräulein) oder *m'toto* (*toto* ist Suaheli für Kind). Es war seine Aufgabe, sich um meine persönlichen Bedürfnisse zu kümmern. Wenn ich baden wollte, ließ Kamau das Wasser ein und machte hinterher das Bad wieder sauber. Er machte mein Bett, räumte mein Zimmer auf, hob die Kleider auf, die ich abends ausgezogen hatte, und brachte sie zum *dhobi*, von dem sie sauber und gebügelt zurückkamen. Kamau servierte mir auch das Essen, aber es war die Europäerin Girlie, die mit mir gemeinsam aß und mir Tischmanieren beibrachte.

Unser Tag begann früh. Girlie weckte mich und half mir beim Anziehen, dann frühstückten wir zusammen. Damals aßen die Kinder nicht gemeinsam mit den Erwachsenen. Ich nahm meine Mahlzeiten in einem Zimmer ein, das wir Sonnenveranda nannten, aber tagsüber war es eigentlich das Kinderzimmer. Die Kolonialherren aßen selten afrikanisches Essen. Das Frühstück begann mit Porridge, dann kamen Eier und Speck, manchmal Würstchen, Nieren und gebratene Blutwurst oder Rühreier. Girlie war freundlich, aber auch streng. Sie erwartete, daß ich mein Porridge aufaß. Tat ich es nicht, bekam ich es beim Mittagessen, grau und gestockt, erneut serviert. Ich war ein kleines, dünnes Kind, das man offenbar aufpäppeln wollte. Daher bekam ich jeden Morgen nach dem Frühstück einen

Löffel Malzextrakt. Den Rest des Vormittags sollte ich mich selbst beschäftigen und verbrachte die meiste Zeit unbeaufsichtigt. Es gab so viel zu tun, daß ich mich niemals langweilte. Ich fuhr mit meinem Dreirad die Veranda auf und ab und zog Flopsy, meine Katze, im Puppenwagen durch die Gegend – Puppen konnte ich nie leiden, ich spielte immer lieber mit lebendem Spielzeug. Das führte einmal zu einer Tragödie, als ich Flopsy zusammen mit meinem Kaninchen im Puppenwagen allein ließ und später entdeckte, daß die Katze das Kaninchen gefressen hatte.

Von klein auf liebte ich Pferde. Auf der Sonnenveranda stand ein klassisches Schaukelpferd, auf dem ich wild herumritt, doch schon als Baby brachte ich es zu einem echten Pferd. Meine Mutter hatte ein sehr altes, weißes Somalipony mit Namen Mafuta, was auf Suaheli »fett« bedeutet. Für Mafuta gab es ein sonderbares Gerät, das für meine Mutter in ihrer Kindheit gebaut worden war – eine Kreuzung zwischen Sattel und Stuhl, aus Ried geflochten. Diese merkwürdige Vorrichtung wurde auf Mafutas Rücken geschnallt, dann hob man mich hinein, und Njeroge, der *syce* (Stallbursche), führte mich feierlich über die Farm.

Als ich älter wurde, konnte ich allein reiten. Für mich war es selbstverständlich, stundenlang mit meinem Pony in der weiten Landschaft umherzustreifen, ohne mich um Tore oder Zäune zu kümmern. Ich liebte die Vielfalt der wilden Tiere und Pflanzen in meinem Teil Afrikas. Ich fühlte mich geehrt, daß exo-

tische Tiere wie Elefanten und Leoparden das Hochland mit mir teilten und daß man, wenn man um die
dreißig Meilen hinaus in die Ebene von Nanyuki
fuhr, Giraffen und Gazellen aller Art sehen konnte – Im-
pala-, Thomson-, Grantygazellen. Auch das sehr seltene
Grevy-Zebra erblickte ich manchmal, das es nur hier
oben gab und das meiner Meinung nach viel schöner
war als das gewöhnliche Burchell-Zebra in den anderen
Teilen Kenias. Wir hatten sogar unsere eigene seltene
Giraffenart, die Netzgiraffe, ein wunderschönes Tier
mit fast kastanienbraunen Flecken, die von feinen weißen Linien umgeben sind.

Außerdem spielte ich mit den Hunden und war eine
begeisterte Gärtnerin, denn ich hatte die *shamba*-Boys
(Gärtner) bei ihrer Arbeit auf unserem großen Gemü-
sebeet beobachtet. Ich hatte mein eigenes Stückchen
Garten ganz nah beim Haus, wo ich Radieschen zog.
Das war besonders lohnend, weil sie so schnell austrie-
ben. Die Karotten erforderten ein wenig mehr Geduld.

Das Mittagessen wurde mir und Kathleen um ein
Uhr auf der Sonnenveranda serviert und war ebenfalls
eine sehr englische Angelegenheit. Es begann mit
Suppe – wie beim Abendessen –, gefolgt von Fleisch
mit gekochten Kartoffeln und anderem Gemüse oder
gebratenem Tilapia aus dem Fluß. Auch hier durfte ich
nichts auf dem Teller lassen. Wenn ich zwei Kartoffeln
nahm, mußte ich auch zwei essen. Als Nachtisch gab es
Reispudding, den ich sehr liebte, oder Wackelpeter
oder Dickmilch, die ich haßte, weil ich davon über-

zeugt war, daß es sich um saure Milch handelte. »Komm, iß auf«, köderte mich Girlie. »Denk an die Hungernden in China.«

Nach dem Mittagessen legte man mich gegen meinen Willen schlafen. Ich haßte diesen Nachmittagsschlaf. Natürlich war das nur eine Methode, mich aus dem Weg zu haben, damit die Erwachsenen ein Nikkerchen machen konnten, aber ich fand es immer sehr unfair. Sie blieben lange auf, tranken und feierten und brauchten daher vielleicht ihren Mittagsschlaf, aber ich tat das nicht und lag nur gelangweilt in meinem Bett.

Wenn ich aufstand, gab es die typisch englische Teezeit – Brot und Butter, Sandwiches und Kuchen. Ich mochte nichts davon. Nachmittags streifte ich umher und erkundete alles allein. Die Menschen glauben immer, Einzelkinder seien einsam, und Seremai lag äußerst abgelegen, aber ich war es zufrieden. Andere Kinder mochte ich nicht besonders. Ich machte gerne Dinge, die andere merkwürdig fanden. Einmal fand ich eine tote Eidechse und beschloß, sie zu sezieren. Von den Besuchen beim Fleischer wußte ich über Innereien Bescheid, und ich war sehr besorgt, weil ich in der Eidechse keine Nieren finden konnte. Ich eilte zu Girlie und den Afrikanern, und keiner der Erwachsenen, die ich fragte, wie Eidechsen ohne Nieren klarkommen, wußte eine Antwort.

Nach meinem Spielzeug zu urteilen war klar, daß John Carberry, wenn er überhaupt an einen Erben gedacht hatte, lieber einen Sohn statt einer Tochter gehabt hätte. Ich wuchs mit einer Eisenbahn auf, die stets auf dem Boden aufgebaut war, und mit einem Meccano-Baukasten. JCs Einfluß bestimmte auch mein Erscheinungsbild. Die Mädchen in der Gegend trugen meistens hübsch gerüschte Kleider und hatten lange, niedlich gelockte Haare, aber ich lief stets in Shorts herum und trug mein Haar kurz. Der schreckliche Bob – gerade geschnitten, und man konnte, *Grauen über Grauen, die Ohrläppchen sehen* – wurde alle paar Wochen von Maxwell Trench nachgeschnitten, der auch seiner Frau Nellie die Haare machte. Zwar sehnte ich mich nach langen Haaren, aber ich war entzückt, keine Kleider tragen zu müssen. Mich hübsch anzuziehen habe ich immer gehaßt. Es gab jedoch Zeiten, sogar auf Seremai, als ich sehr zu meiner Empörung ein Kleid anziehen und mich wie eine junge Dame benehmen mußte. Ab einem Alter von ungefähr fünf Jahren wurde ich zu Kinderpartys eingeladen, die normalerweise im Nyeri Club stattfanden. Die Farmen lagen häufig viele Meilen voneinander entfernt, und auf diese Weise konnten die europäischen Kinder sich treffen und Freundschaften schließen. Ich mochte keine anderen Kinder und verabscheute diese Treffen. Man erwartete von mir, daß ich Schuhe und Socken anzog. Girlie machte komische Sachen mit meinen Haaren und zwang mich in ein Partykleid aus steifem Organza, das unter den Armen kratzte. Bei diesen Partys wurde alles getan, damit sie wie die Partys »zu Hause« wirkten. Es gab alle möglichen Köstlichkeiten zu essen –

Wackelpudding in ausgehöhlten Orangen, Kekse mit Zuckerguß in Form von Tieren, Schokoladenkuchen und Baisers, die ich sehr liebte – und langweiliges Brot und Butter. Nellie nahm mich einmal mit und bestand darauf, daß ich zuerst Brot und Butter aß. Aber ich wollte lieber Baisers und Wackelpudding, also begann ich zu quengeln. Immer wenn ich mich später mit meinem Essen anstellte, erinnerte mich Nellie Trench daran, wie ich im Nyeri Club vor einem vollen Teller mit Butterbroten gesessen und gejammert hatte: »Ich sterbe vor Hunger.«

Meine Kindheit in der Kolonie hat dazu geführt, daß ich das Kochen und alles, was mit der Zubereitung von Speisen zu tun hat, bis heute verabscheue. Ich war ein privilegiertes Kind, das niemals den eigenen Dreck wegmachen mußte, und stets von warmherzigen und fürsorglichen Dienern umgeben.

Zähe Brut

Da sich JC nicht für mich interessierte, verbrachte ich in den Jahren nach dem Tod meiner Mutter viel Zeit im Haus meiner Großmutter in Nairobi. Was dachte Granny wohl, als sie merkte, daß das Kind ihrer einzigen Tochter weder lesen noch schreiben konnte, Schuhe haßte und Suaheli sprach wie ein eingeborenes *toto*? Was hielt sie von ihrem Schwiegersohn?

Ich kann Grannys Gefühle nur von ihren Reaktionen auf mich ableiten. Sie erwartete, daß ich bei ihr ein Kleid, Socken und Schuhe trug. Eines Tages, ich war ungefähr sechs Jahre alt, saß ich mit ihr auf der Veranda. Ich hatte meine Füße mit den Schuhen unter mich auf den Stuhl gezogen, und Granny sagte, ich solle mich anständig hinsetzen, denn es sei nicht damenhaft, die Unterhose zu zeigen. Außerdem erwartete sie von mir, daß ich etwas lernte. Granny hatte fünf Kinder, vier davon Söhne. Der älteste war Onkel Gerald, Chirurg in Nairobi, der nicht weit von seiner Mutter entfernt lebte und ebenfalls fünf Kinder hatte. Mit den beiden Mädchen Patty und Robin war ich besonders gut befreundet. Sie trugen immer Kleider und hatten herrliche lange Haare, um die ich sie heftig beneidete. Als ich bei Granny war, wurden meine Cousinen und ich von einer Französin unterrichtet, die wir Mam'selle nannten. Am Ende des Tages belohnte sie uns mit rosa, blauen und gelben Kärtchen, die unsere Bemühungen und Leistungen dokumentierten. Rosa bedeutete gut, blau war mittelmäßig, und gelb hieß »könnte besser sein«. Abends mußten wir die Karten unserer Granny zeigen. Ich interessierte mich nicht für den Schulstoff und fand den Unterricht langweilig. Pattys Karten waren immer rosa, meine immer gelb.

Das Leben in der Riverside Lodge, wo Granny mit ihrem zweiten Ehemann Rudolph Mayer residierte, war seltsam altmodisch und steif. Damals gab es noch Rikschas in der Stadt, und ich erinnere mich daran, wie mich ein Afrikaner in einem dieser zweirädrigen Karren durch die Straßen zog, als wir Blumen zum Grab meiner Mutter bringen wollten. Obwohl das Haus eine lange Auffahrt hatte und es genügend Land für Ställe und Unterkünfte für Angestellte (und Hühner) gab, konnte man die anderen Häuser in der Gegend sehen.

Einen Luxus, den Granny besaß, wir in dem abgelegenen Seremai dagegen nicht, war das Telefon. Es hatte keine Wählscheibe, und das Mundstück war an die Wand geschraubt. Um die Vermittlung zu erreichen, mußte man eine Kurbel drehen und die gewünschte Nummer nennen. Die Afrikaner waren glücklich über das Aufkommen des Telefons, denn so bekamen sie Zugang zu Kupferdraht, aus dem sie Ohrringe herstellten. Aus diesem Grund funktionierten die Apparate häufig nicht.

Wenn ich an Granny denke, sehe ich eine üppige Frau in altmodischen, farblosen Kleidern, mit einer Menge wallender Haare. Rudolph war ein gesetzter Mann mit Schnurrbart und einem deutlichen ausländischen Akzent – deutsch, wie ich heute weiß. Meine Cousins und Cousinen nannten ihn nicht Großvater, wir sprachen ihn mit »Onkel« an. Granny war freundlich und bemüht, aber was die Kindererziehung anbelangte, legte sie eine eher viktorianische Haltung an den Tag. Sie gab uns jeden Tag Feigensirup, damit wir »normal« wurden. Wenn sie den Verdacht hegte, daß dies nicht der Fall war, wandelte sie die Dosis in die eher drakonische Flüssigkeit Paraffin um. Sie glaubte außerdem, wenn Kinder abends zuviel essen, bekämen sie Alpträume. Und so bekam ich, im Gegensatz zu dem gekochten Abendessen, das Girlie und ich gewohnt waren, bei Granny abends nur ein Glas Milch und ein Butterbrot mit ein paar hingestreuten bunten Liebesperlen und ging hungrig zu Bett. Zu allem Übel war die Milch auch noch gekocht: Granny war natürlich sehr hygienebewußt, denn in Afrika kam die Milch aus ungewaschenen Eutern, die von ungewaschenen Händen gemolken wurden, aber mir war das egal. Ich habe gekochte Milch schon immer gehaßt.

Wie auf Seremai auch, aß ich nie zusammen mit den Erwachsenen. Ich nahm mein Abendessen mit Mam'selle ein, und dann erwartete man, daß ich ins Wohnzimmer ging und gute Nacht sagte. Die Erwachsenen nahmen Drinks und »first toasties«. Ich war es

nicht gewohnt, sie zu küssen, und ich haßte es. Oft waren einige unserer Onkels da. Einer von ihnen, Rudolph, Grannys zweitjüngstes Kind, verabscheute dieses Ritual offenbar genauso wie ich. Ihn küßte ich ganz
besonders ungern. Er hatte ein sehr stacheliges Gesicht;
es war, als küsse man einen Kaktus.

Granny versuchte mit allen Mitteln, mich zu zivili-
sieren – mit begrenztem Erfolg. Als ich einmal gerade
bei ihr war, bekam eine ihrer Hündinnen Junge. Ich
hatte schon immer einen sehr unberechenbaren Geschmack, und Granny erwischte mich, wie ich Welpen-
futter aß. Sie war entsetzt und sagte, es werde aus Wel-
penschwänzen hergestellt. Da die meisten Hunde in
Afrika kupierte Schwänze hatten, hielt ich das für möglich, und so ließ ich eine Weile davon ab. Doch später
nahm ich die Angewohnheit wieder auf. Als ich mein
eigenes Pony bekam, teilte ich mir mit ihm den Hafer
und die Gerste. Auch Hundekuchen fand ich lecker
und knackig.

Wenn ich Granny in der Riverside Lodge besuchte,
war sie immer überhöflich – eine wahrhafte und finanziell erfolgreiche Stütze der Geschäftswelt der Kolonie.
Sie und Rudolph hatten das größte Zeitungsimperium
in Ostafrika aufgebaut und besaßen die Eigentums-
rechte an vielen der renommiertesten Bürogebäude
Nairobis. Später fand ich jedoch heraus, daß Grannys
Jugend alles andere als konventionell verlaufen war,
daß sie einige Jahre lang eine leidenschaftliche *ménage à
trois* geführt hatte und daß auch die Gründe, warum ich

81

ihren zweiten Ehemann »Onkel« nannte, reichlich verschroben waren.

Granny nannte ihr fünftes und letztes Kind, meine Mutter, Maïa Anderson, nach dem Namen ihres Mannes Anderson. Es war jedoch ein offenes Geheimnis in Nairobi, daß Maïa und ihr älterer Bruder, mein stacheliger Onkel Rudolph, nicht vom Mann meiner Großmutter, Alfred Anderson, stammten, sondern von seinem Geschäftskollegen und engen Freund Rudolph Mayer. Ungefähr zu der Zeit, als meine Mutter zur Schule nach Belgien kam, ließ sich Granny (die ebenfalls Maïa hieß) von Anderson scheiden und heiratete Mayer. Aber Onkel Rudolph und meine Mutter wurden geboren, als sie noch mit Anderson verheiratet war. Die Gene haben schon viele konstruierte Alibis auffliegen lassen. Entsprechend den gesellschaftlichen Verhaltensnormen jener Zeit, galt Rudolph Mayer stets als Stiefvater meiner Mutter. Doch mit den Jahren wurde Rudolph ein regelrechter Klon von Mayer, so daß die Leute, die ihn lange nach Mayers Tod an seinem Schreibtisch beim *East African Standard* sitzen sahen, an eine Geistererscheinung glaubten.

Granny wurde 1874 in Gent als Emma Louise Antoinette Troissaert in eine gute Familie hineingeboren. Irgendwann um 1890 herum ging sie nach England, vermutlich um Englisch zu lernen, und lernte Alfred Anderson kennen, Sohn eines Vikars aus Wiltshire. Sie heirateten ohne den Segen von Maïas Vater im September 1891. Alfreds Familie war von dieser Verbindung

offenbar ebensowenig begeistert, denn das Hochzeits-
geschenk von Alfreds Vater für das junge Paar bestand
aus 50 Pfund Sterling und einem einfachen Fahrschein
nach Südafrika. Während des Burenkrieges blieben
Granny und Alfred in Südafrika und bekamen drei
Söhne: Gerald, Claud und Charles. Damals waren sie
sehr arm. Geralds Erinnerungen an seine frühe Kindheit sind eine einfache Hütte mit Paraffinlampen und
Maisporridge als täglichem Grundnahrungsmittel.

Rudolph Mayer war ein Jude aus Bayern, der sein
Glück in Südafrika suchte. Er besaß eine Kamera und
begann seine Karriere als Fotograf mit Bildern von Far-
mern auf dem Grasland. Da Alfred sein ganzes Leben
lang für Zeitungen gearbeitet hat, haben die beiden
sich möglicherweise über den Journalismus kennengelernt. In der Familie wird erzählt, Mayer habe sich sofort in meine Großmutter verliebt. Natürlich könnte
das auch Teil einer systematischen Legendenbildung
sein, mit der ihr Ehebruch rechtfertigt wird, was man
gut verstehen kann. Fotografien meiner Granny aus ihrer Jugend zeigen eine zuversichtliche Frau von einer
gewissen üppigen Schönheit, stattlich gebaut, mit di-
rektem Blick und sinnlichen Zügen. Welche geheimen
Gefühle die gequälten Mitglieder dieses unkonventionellen Trios auch hatten, alle drei waren jahrelang un-
zertrennlich – und voneinander abhängig.

Es war meine Großmutter, die bestimmte, sie sollten
das vom Krieg zerrissene Südafrika, wo es ihnen nur
schlecht ergangen war, verlassen und das Leben in ei-

nem sanfteren Teil der kolonialen Welt ausprobieren. Ihre neue Basis sollte ihr schließlich all das geben, was ihr bislang verwehrt worden war – Ansehen, Macht, Reichtum.

Im Jahr 1900 gab es nur wenige Weiße in Mombasa, und als erstes rief Granny für sie einen Wäschedienst ins Leben. Als nächstes Unternehmen kaufte sie ein runter-gewirtschaftetes Etablissement mit dem optimistischen Namen Grand Hotel. Es war weniger erfolgreich als die Wäscherei, und zwar hauptsächlich, weil die Kellner sich von den Gästen die Rechnungen abzeichnen lie-ßen, statt Geld zu nehmen. Normalerweise funktio-nierte das ganz gut, da die Gäste letztlich doch zahlten. Doch bei einer schicksalhaften Gelegenheit ließen die Kellner einige außergewöhnlich überschwengliche Gä-ste, die von einem großen Passagierschiff kamen, ihre Rechnungen abzeichnen. Diese verließen am nächsten Tag den Hafen, ohne ihre Rechnungen zu begleichen, und das Grand Hotel ging pleite.

Während meine Großmutter sich damit beschäftigte, diverse Geschäftsunternehmungen zu leiten, wurde ihr Privatleben zunehmend unübersichtlich. Im Jahr 1901, bald nach ihrer Ankunft in Mombasa, schenkte sie ih-rem vierten Sohn Rudolph, Mayers Kind, das Leben. Drei Jahre später bekam sie meine Mutter, ebenfalls sein Kind. Wer kann rückblickend beurteilen, was in diesem Fall richtig und falsch war? Als ich aufwuchs, lag die Sympathie der Familie wohl bei Mayer. Man er-zählte uns, Alfred sei ein wortkarger, mürrisch wirkender Mann mit einem zwielichtigen Privatleben gewesen. Gerald erinnert sich, wie er regelmäßig als Sozius auf dem Motorrad seines Vaters nach Thika mitfuhr, angeblich auf der Suche nach Bauholz, und daß er in Hotels auf ihn warten mußte, während Alfred sich mit dunkelhäutigen Somalifrauen vergnügte.

Trotz der emotionalen Wirren arbeiteten die beiden Männer weiterhin zusammen. Ihr Geschäft florierte, als sie eine indische Handpresse kauften und damit auf braunem Papier – etwas Besseres konnten sie nicht bekommen – die erste Ausgabe der *Mombasa Times* herausbrachten. Später zogen sie nach Nairobi weiter und gründeten den *East African Standard*. Mayer hatte dabei die Position des Geschäftsführers inne, Anderson kümmerte sich um die Nachrichten. Dies war der Beginn des äußerst lukrativen ostafrikanischen Zeitungsmonopols, zu dem später auch der *Ugandan Argus* und der *Tanganyika Standard* gehören sollten.

Im Jahr 1912 ließ sich Granny von Alfred scheiden und wurde daraufhin von der römisch-katholischen Kirche exkommuniziert. Vier Jahre später heiratete sie in der St.-Stephen-Kirche in Nairobi Rudolph Mayer. Alfred beugte sich dem Unvermeidlichen und tat das einzig Anständige: Tapfer überließ er das Feld seinem ehemaligen Freund und Rivalen und verließ den Kontinent.

Als Kind hatte ich nicht das Gefühl, daß die Familie meiner Großmutter oder meines Vaters irgendwie ungewöhnlich war. Doch im Gegensatz zu meinem Zuhause hatte ich bei meiner Großmutter in Nairobi niemals Angst, geschlagen zu werden. Trotzdem war ich immer froh, wieder die Freiheit des Landlebens zu genießen, wenn ich von einem Abstecher bei Granny zurückkam. Auf Seremai bekam ich zwar keine Zuneigung von meinem Vater, aber ich durfte die warmherzige Familie von Maxwell Trench erleben.

Die Partnerschaft Carberry/Trench war eine sonderbare Sache, denn die beiden Männer hätten unterschiedlicher nicht sein können. JC, ein irischer Aristokrat, war hauptsächlich deswegen nach Afrika gekommen, um seiner Mutter zu entkommen und seine persönliche Geschichte neu zu schreiben. Er schlug Kapital aus den natürlichen Rohstoffen des Kontinents, um den Vergnügungen des weißen Mannes nachzugehen – Großwildjagd, Hochseeangeln usw. Er war begeistert vom wolkenlosen Himmel Kenias, an dem sich sein Flugzeug so leicht steuern ließ, doch das wahre Afrika hat er niemals richtig verstanden. Er blieb stets ein Mann, der sich in der Stadt am wohlsten fühlte. Vom Wesen her war er intrigant, nachtragend, und ich fürchte, ein Feigling.

Maxwell war impulsiv, leidenschaftlich und konnte seine Meinung gelegentlich auch mit den Fäusten vertreten. Viele Jahre später entzweiten er und JC sich wegen geschäftlicher Fragen. Maxwell glaubte, vermutlich zu Recht, daß JC ihn betrogen hatte, und schlug ihn vor dem Palace Hotel in Mombasa zusammen. JC war entsetzt und gewöhnte sich an, immer einen

Schlagring bei sich zu tragen, für den Fall, daß er Maxwell zufällig über den Weg lief.

Maxwell war eine unverwechselbare Erscheinung. Seine große, sehnige Gestalt steckte stets in einer Uniform aus abgetragenen, von der Sonne gebleichten Shorts, auf dem Kopf das alte Armeebarett, das er bei Ausbruch des Ersten Weltkrieges gekauft hatte und an dem immer noch sein Messingabzeichen des Ostafrikaregiments steckte. Er hatte Kenia zu seiner Heimat erwählt, als er erfahren hatte, daß das Britische Kolonialbüro für Britisch-Ostafrika einen Berater für Kaffee suchte. Er hatte in Nairobi begonnen und war dann nach Nyeri gezogen, wo er nur ein paar hundert Meter von meinem Zuhause auf Seremai ein Haus gebaut hatte. Als ich geboren wurde, war er bereits seit fast zehn Jahren Carberrys Partner.

Maxwell, der im Gegensatz zu John Carberry sein ganzes Leben in den Tropen verbracht hatte, gewöhnte sich an das Leben in Kenia, als sei er dort geboren worden. Er hatte ständig mit Farbigen zusammengearbeitet und wußte, daß man das Beste aus ihnen herausholte, wenn man in ihrer eigenen Sprache mit ihnen redete. Daher sprach er im Gegensatz zu den meisten britischen Siedlern fließend Suaheli.

Er liebte die Natur und besaß eine genaue und eingehende Kenntnis der Flora und Fauna von Ostafrika – eine Leidenschaft, die er an mich weitergab. Er war es, der mich die Namen und Eigenschaften aller Pflanzen lehrte – und mich eindringlich prüfte, ob ich sie mir auch merkte – und mir die Gestalt und Eigenarten der Lebewesen erklärte.

Maxwell war mit Nellie verheiratet, einer warmherzigen Frau von ziemlich plumper Gestalt, mit dünnen Haaren und hellblauen, lächelnden Augen. Sie hatten drei Kinder – Jack und Nancy, fast schon erwachsen, als ich noch klein war, und Dan, fünf Jahre älter als ich. Die Trenches führten eine äußerst liebevolle Ehe. Nellie war eine großzügige und tolerante Frau und hatte darauf bestanden, daß Maxwell eine uneheliche Tochter, die er Jahre zuvor mit einer Hausangestellten in Jamaika gezeugt hatte, anerkannte und für sie sorgte. Es war ein lautes, lebhaftes, liebevolles Haus und für mich mein zweites Zuhause in der Zeit, bevor mich das Internat weit von Seremai fortholte.

Im Gegensatz zum Haushalt der Carberrys, wo die Erwachsenen bis spät in die Nacht feierten und selten vor Mittag aufstanden, ging es im Haus der Trenches sehr geschäftig zu. Nellie stand stets vor Tagesanbruch auf, um die Arbeiter zu überwachen, die auf die Kaffeeplantage und in die Molkerei kamen, welche das Anwesen mit Milch, Sahne und Butter versorgte. Kinder stehen auch früh auf, und so ging ich in den Jahren vor meiner Schulzeit morgens immer zu den Trenches, um in der Molkerei zu helfen. Nellie besaß eine Herde buckliger Zeburinder. Sie wurden zweimal täglich gemolken, genau wie in England, aber es gab keinen Kuhstall. Man fing die Kuh einfach ein, wo sie gerade stand, band ihre Fußgelenke mit einem Ledergurt, *riem*

88

genannt, zusammen, damit sie nicht ausschlug, und melkte sie an Ort und Stelle. Dabei benutzte der Melker keinen Schemel, sondern hockte sich einfach hin. Hatte die Kuh ein Kalb, rückte man es nahe an sie heran, damit sie es lecken und umsorgen konnte und dabei gleichzeitig ihre Milch gab. Ich liebte das Melken, vorausgesetzt, die Kuh hatte ein freundliches und ruhiges Gemüt. Das war bei den einheimischen Rindern nicht immer der Fall, denn die Kühe waren wilder als die Bullen. Eine von ihnen hieß Murungu und war so gelassen, daß ich mir ihre Milch direkt in den Mund melken konnte. Das liebte ich heiß und innig, obwohl ich nicht prefekt zielen konnte und die Milch oft ins Auge bekam oder mich damit bekleckerte. Ich arbeitete auch gerne an der Milchschleuder, die die Sahne von der fettarmen Milch trennte. Es war eine ziemlich komplizierte Apparatur mit vielen ineinandergreifenden Scheiben, und obgleich es mir niemals Spaß machte, stur nach Lehrbuch zu lernen, fiel mir alles Mechanische leicht. Schon von klein auf war ich stolz darauf, diesen Apparat bedienen zu können.

Mein Liebling unter den Angestellten der Trenches war Wamaisa, der sich um die Rinder kümmerte. Er ging wie ein Clown, weil ihm an jedem Fuß drei Zehen fehlten. Er erzählte uns, er habe eines Nachts im Busch geschlafen, weil er sich um das Vieh seines Vaters kümmerte, als eine Hyäne ihm fast alle Zehen abgebissen hätte. Die Afrikaner waren überhaupt nicht verlegen, wenn es um Wunden oder Verstümmelungen ging.

Wamaisa war wegen seines Gangs nicht etwa deprimiert, er akzeptierte ihn. Er verlieh ihm eine eigene Identität. Auf diese frühen Morgen in der Molkerei geht meine lebenslange Leidenschaft für fettarme Milch zurück. Wenn in der Milchschleuder Sahne hergestellt wurde, hielt ich eine Dose darunter, um die herauströpfelnde, ganz blaue und schaumige Milch aufzufangen. Und zu Hause wurde mein Frühstücksporridge dick mit Sahne angereichert, weil ich so dünn war und aussah, als brauche ich dringend Aufbaunahrung.

Das Haus der Trenches besaß einige sonderbare Eigenheiten. Ihr Badezimmer hatte fünf Türen. Das bedeutete, daß sie alle ziemlich entspannt mit Nacktheit umgingen, denn wenn man das Bad betrat, schien immer schon irgend jemand drin zu sein. Aus irgendeinem Grund lag ihre Toilette außerhalb, allerdings konnte man sie durch eine der fünf Türen des Badezimmers erreichen. Ein Gang zum Klo hieß bei ihnen »Besuch bei Mr. Hunter«.

Sowohl Maxwell als auch Nellie hatten viele ihrer Gewohnheiten aus der Karibik beibehalten. Maxwell sprach mit westindischem Akzent. »Walk good«, sagte er zum Abschied, wie man in der Karibik sagte, wenn »paß auf dich auf« gemeint war. Sie kochten sogar westindisch. Beim Frühstück aß Maxwell zu seinen Eiern mit Speck stets eine Banane. Während im Hause Carberry das Essen so langweilig englisch war, wie es die Angestellten zustande brachten, und die Kartoffel das allgegenwärtige Grundnahrungsmittel, aß man bei den Trenches Reis mit tropischem Gemüse wie Yamswurzel und Maniok. Dort habe ich meine Vorliebe für Stachelschwein entdeckt. Diese Tiere kamen immer in den Gemüsegarten und wurden in Säcken gefangen. Rückwärts konnten sie nicht entkommen, weil ihre Stacheln sich im Gewebe verfingen. Wir aßen sie gebraten: Sie sind köstlich und schmecken ähnlich wie Schwein.

Bei den Trenches fühlte ich mich immer geliebt und willkommen – weit mehr als bei mir zu Hause. Nellie Tranch erzählte mir viele Jahre später – nachdem ich viel Unglück erlebt hatte und sie hilflos hatte zusehen müssen –, daß sie und Maxwell mich hatten adoptieren wollen, als meine Mutter starb. Doch es war John Carberrys unerwarteter nächster Schachzug, der sie davon abhielt.

Junie Baby

Ich hatte gerade meinen fünften Geburtstag gefeiert, als ich eine Stiefmutter bekam. Natürlich wurde ich nicht gefragt. JC traf, umwarb und heiratete seine dritte Frau in England auf einer Reise, die ihn monatelang von Seremai fernhielt.

Wenn ich an ihn denke, sehe ich seine stechenden blauen Augen vor mir. Wenn ich mich dagegen an June Carberry erinnere, kommt mir ihr Geruch wieder in den Sinn. Sie trug viel Make-up, und in dem sonnigen Klima des Hochlands gab ihr Körper einen mit Schweiß vermischten Geruch nach altmodischer Gesichtscreme und Parfum ab. Am stärksten roch es danach in ihrem Schrank, den sie mit ihrer umfangreichen, immer größer werdenden Garderobe füllte. Diese übersättigte Erinnerung ist der Grund, warum ich meine Kleider nie in einen Schrank hänge, ohne sie vorher auszulüften.

Niemand auf Seremai wußte, daß John Carberry vorhatte, wieder zu heiraten. Als er mit seiner neuen Braut auftauchte, einer Wasserstoffblonden mit einer unvergeßlichen, rauchigen »Ginstimme« und einer kühnen, neckenden Art gegenüber Männern, wollten alle wissen, wo er sie aufgegabelt habe. Manche waren weniger, manche mehr überrascht. Maxwell Trench erinnerte sich, daß Carberry eine blonde Frau allen als »meine Cousine Junie« vorstellte. Als Maxwell sie das nächste Mal traf, war sie Mrs. John Carberry.

Nach ihrem Aussehen, ihren Manieren und ihrer zweifelhaften Familiengeschichte zu urteilen, war June ganz eindeutig keine Dame. Jemand erzählte, JC habe June in Südafrika kennengelernt. Als ich ein wenig älter war, sagte man mir, sie sei Nutte in Piccadilly gewesen. Die Wahrheit ist viel prosaischer und amüsanter zugleich. Ein »Exklusivbericht« in der *Daily Mail* vom 18. Juli 1930 titelte »Geheime Hochzeit des fliegenden Lords« und zitierte June, deren Mädchenname Weir Mosley war. Sie sagte, sie hätten sich in Nairobi kennengelernt. Der Zeitung zufolge hatte die Hochzeit einige Tage zuvor im St.-Pancras-Standesamt stattgefunden, und zwar unter derartig großer Geheimhaltung, daß die Brautmutter erst davon erfuhr, als Reporter der *Daily Mail* sie auf ihrer Türschwelle mit der Nachricht überfielen. Das Gespräch zwischen dem Reporter und Mrs. Mosley war in vollem Wortlaut in der Zeitung abgedruckt.

Der Journalist schrieb:

Gestern fuhr ich zum Haus der Braut. Als ich nach Mrs. Carberry fragte, teilte man mir mit, es gebe niemanden dieses Namens, doch Mrs. Mosley, die Mutter, bat mich um eine Erklärung.

Ich erwiderte, ich spreche von der früheren Miss June Weir Mosley. Mrs. Mosley war überrascht.

»June, Liebes«, rief sie. »Kommst du mal einen Augenblick herunter?«

Ein hübsches, strahlendes Mädchen in einem blauen Kleid tauchte auf.

»Stimmt es, June, daß du Mr. Carberry geheiratet hast?« fragte Mrs. Mosley leise.

»Ja, Mutter, das ist richtig«, lautete die Antwort. »Allerdings weiß ich nicht, wie das bekanntwerden konnte. Wir wollten es bis zum Ende des Monats geheimhalten.«

Mrs. Mosley stand einen Augenblick lächelnd da. Dann sagte sie zu mir: »Nun, ich bin überrascht. Wissen Sie, ich glaube, daß die modernen Mädchen eine Tracht Prügel bekommen sollten. Es einfach der eigenen Mutter nicht zu erzählen!«

Es war wohl kaum möglich, eine Frau zu finden, die als Stiefmutter für eine Fünfjährige weniger geeignet gewesen wäre als June Carberry. Ein Grund, warum John Carberry sie genommen hat, war zweifellos, daß sie Kinder nicht leiden konnte und selbst keine haben wollte. Er hatte schließlich versucht, die ungeborenen Kinder seiner beiden ersten Frauen abzutreiben.

Seit der Zeit, als June Carberry einfach nur meine Stiefmutter war, ist sie ziemlich bekannt geworden. Das liegt zum großen Teil an der prominenten Rolle, die sie im Mordfall Erroll spielte, und an dem Interesse an jener Zeit, das durch James Fox' Buch *White Mischief* geweckt wurde. June Carberrys Name ist inzwischen zum Synonym für alles Finstere in Kenias leichtfertiger Happy-Valley-Clique geworden (zu dem Zeitpunkt, als meine Geschichte beginnt, war Happy Valley eher eine Geisteshaltung als ein Ort). Das Treiben dieser kleinen Gruppe von gelangweilten, dekadenten Siedlern hat stets die Phantasie der Öffentlichkeit angeregt. Ich bedaure es sehr, daß viele Menschen das Verhalten einer kleinen Gruppe von hohlen Gesellschaftslöwen als Synonym für die Siedler in Kenia im allgemeinen sehen. Die Mehrheit dieser Leute waren aufrechte, anständige Menschen, die ohne ererbten Reichtum ihren Lebensunterhalt verdienen mußten. Es war mein Pech, daß ich in einem Haushalt aufwuchs, der sich den Werten der schnellen Lebensart verschrieben hatte.

Die Leute, für die der Ausdruck »Happy Valley« geprägt wurde, lebten in der Nähe des Flusses Wanjohe in den Aberdares. Ich habe mich seitdem oft gefragt, ob die Sitten der Bewohner dem Fluß seinen Namen gegeben haben. Auf Kikuyu heißt *»njohe«* »Alkohol« – so nannten sie ihr einheimisches Gebräu aus Zuckerrohr und fermentiertem Mais –, und *»wa«* bedeutet »das Volk von«.

June Carberry brachte die natürlichen Voraussetzungen für eine Mitgliedschaft in der Happy-Valley-Clique mit. Sicher, sie hatte keinen guten Stammbaum, aber es waren ja Demokraten. Hauptsache, man war lustig und hatte keine Hemmungen. June trank viel und wurde immer lauter und lebhafter, je später der Abend wurde. Außerdem nahm sie Drogen, oder

Dope, wie sie und ihre Freunde es nannten. Auf Seremai hatte sie eine Spritze im Badezimmer, ein altmodisches Ding aus Glas mit einem weißen Metallkolben, wie es heute vielleicht noch vom Tierarzt benutzt wird. Ihr größtes Interesse galt jedoch dem Sex. Sie gabelte Männer auf Booten auf, in Bars, am Swimmingpool, in Hotels ... Aber was sie ganz besonders qualifizierte, war die Langeweile. Anders als Nellie Trench, eine gewiefte Geschäftsführerin und jeden Tag beim ersten Hahnenschrei auf den Beinen, hatte June keinerlei Lust auf harte Arbeit. Da sie mit John Carberry verheiratet war, mußte sie auch nicht arbeiten. Es ist ihr nie gelungen, sich auf Seremai eine Rolle zuzuteilen. Ich kann mich erinnern, daß ich viel mit Nellie Trench unternommen habe, aber meine Erinnerungen an June drehen sich hauptsächlich um Reisen außerhalb Afrikas. Sie ritt nicht, sie spielte kein Tennis, sie schoß nicht und lernte niemals fliegen. Sie versuchte sich an verschiedenen Geschäften, aber aus keinem wurde etwas. Einmal importierte sie einige Nutrias – ein Tier, das dem Sumpfbiber aus Südamerika sehr ähnlich ist –, weil sie sie für ihre eigenen Pelze züchten wollte. Aber die Nutrias konnten entkommen, und als nichteinheimische Tiere richteten sie großen Schaden unter den Fischen im Fluß an. Später unternahm June den Versuch, siamesische Katzen zu züchten. Aber sie war nicht praktisch veranlagt, und es mangelte ihr an Durchhaltevermögen, und so wurde nichts aus ihren Geschäftsplänen.

June Carberry war ein unkompliziertes Mädchen für gute Zeiten, sie gewöhnte sich an das hedonistische Leben in der Kolonie wie eine Ente ans Wasser. Wie viele Kinder meiner Generation führte ich ein Autogrammbuch, mit dem ich alle Erwachsenen nervte. Sie sollten nicht nur ihren Namen hineinschreiben, sondern auch bestimmte Fragen beantworten. June Carberrys Liste ihres Lieblingstiers/-hobbys/-buchs/-films/-jobs gibt einen Einblick in ihren Geschmack und ihre Wertvorstellungen. Auf die Frage: »Was ist deine liebste Freizeitbeschäftigung?« antwortete sie: »Tanzen.« Auf »Worüber redest du am liebsten?« hieß es: »Über mich selbst« [sic]. »Welchen Sport machst du am liebsten?« Keinen. »Was willst du nach der Schule tun?« Um die Welt reisen. Und »Was ist dein Lieblingsbuch?« *Vom Winde verweht.*

Sie war zwar nicht elegant, aber hübsch, und sie hatte einen schönen Körper, den sie gerne zeigte. Nicht nur ich sah sie immer nackt umherlaufen. Ralfe Hutchinson, dessen Eltern mit John Carberry befreundet waren, erinnert sich, daß June gerne nackt in ihrem Schlafzimmer herumlief, »auch wenn wir Jungen da waren«.

Anders als die Pioniere unter den Siedlern, die Afrikas heiße Sonne fürchteten und stets Hüte trugen, stammte June aus einer Generation, die das Sonnenbad entdeckt hatte und die Sonnenbräune populär machte. Im Hinterland, wo es nicht so heiß war, trug sie normalerweise lange Hosen. An der Küste jedoch zeigte sie ihre sonnengebräunten Beine in den kürzestmöglichen Shorts. Kleider waren ihre Leidenschaft. Sie fuhr häufig zum Einkaufsbummel nach Europa und verschenkte ihre alten Kleider großzügig an Freunde, wenn sie regelmäßig für ihre neuen Einkäufe Platz im Kleiderschrank machte.

Trotz der Tatsache, daß Seremai sehr abgelegen war, fand June, man könne nie wissen, wer überraschend auftauche, und so war sie stets voll geschminkt, mit sorgfältig aufgetragenem Lippenstift und passendem Nagellack. Ihre Lieblingsmarken hießen Max Factor und Cyclax. Als Kind saß ich gerne in ihrem Schlafzimmer und sah zu, wie sie sich schminkte – oft gab sie mir auch was –, und als ich älter war, gab sie mir Taschengeld, wenn ich ihr die Augenbrauen zupfte und eine Maniküre machte. Ihre Vorliebe für bunte Farben machte sich schon bald im Haus bemerkbar. Es waren die frühen dreißiger Jahre, und June, die unbedingt auf der Art-deco-Welle mitschwimmen wollte, ließ die Türen und den Kaminsims in schwarzem Lack streichen, während die Wände einen lebhaften Erdbeer- und Sahneton bekamen.

Ich sah June Carberry mit den Augen eines Kindes, und – welche Ironie – ein Kind wollte eine Mutter. Tatsächlich glaubte ich, daß ich sie liebte, obwohl sie nicht einmal besonders nett zu mir war. Aber das war nur einseitig. Die Entdeckung, daß eine Ehe, die sie als gesellschaftlich wünschenswert betrachtete, eine Last mitbrachte, die sie stets als »das Balg« bezeichnete,

wird sie wohl nicht sehr erfreut haben. Aber in JCs
Welt gab es niemals etwas umsonst, und durch die Heirat mit June hatte er jemanden finden wollen, dem er
mich überlassen konnte. June zeigte körperlich ge-
nausowenig Zuneigung zu mir wie JC, und ich erinnere mich nicht, daß sie mich je geküßt oder umarmt
hätte. Sie zog die Tiere vor. Ihr Liebling war ein Dackel
namens Minnie. In meinem Hunger nach Zuneigung
wurde ich immer eifersüchtiger auf Minnie. Der Frust
baute sich eine ganze Weile auf, denn June machte immer wieder ganz deutlich, daß Minnie ihr sehr viel
mehr bedeutete als ich. Oft kam ich voller Mitteilungs-
drang hereingerannt, wie Kinder nun mal so sind, und
sie spielte mit dem Hund. Anstatt dann mir ihre Aufmerksamkeit zu schenken, sagte sie: »Unterbrich uns
nicht, Juanita. Siehst du nicht, daß ich mit Minnie spreche?« Einmal aß ich gerade mein großes warmes Frühstück. Ich liebte Nieren und bewahrte sie bis zum
Schluß auf, weil ich sie am liebsten aß. June wußte das.
Sie wollte mir eine Lektion erteilen. Vielleicht war es
nicht fein, das Beste bis zum Schluß aufzuheben. Auf
jeden Fall sagte sie zu Minnie: »Sieh mal, Juanita mag
keine Nieren.« Dann nahm sie sie mir vom Teller und
gab sie dem Hund. Ich war fuchsteufelswild. Später
fand ich Minnie und trat sie und schrie sie an. Im glei-
chen Augenblick überfiel mich die Reue, und ich versuchte sie zu knuddeln und mich zu entschuldigen.
Aber sie hatte Angst und ließ es nicht zu, sondern
knurrte mich an. Hinterher habe ich stundenlang ge-

heult und mich gefragt, wie ich so etwas Furchtbares hatte tun können.

June verbrachte viel Zeit im Bett. Entweder faulenzte sie allein herum oder unterhielt ihre Liebhaber. Ihr Bett war so riesig, daß man die oberen Querstreben der Fenster entfernen mußte, um es ins Zimmer zu schaffen. Ich hatte Angst im Dunkeln – und auf Seremai war es nachts besonders dunkel. Ein Nachtlicht wurde mir nicht gestattet, und so suchte ich Trost bei June, wenn JC nicht da war. Eines Nachts wachte ich auf und fand ihre Hand zwischen meinen Beinen. Verlegen schob ich sie weg, ich dachte, daß sie wohl schlief und nicht wußte, was sie tat. Aber die Hand kam wieder. Ich schob sie erneut fort. Sie kam niemals darauf zu sprechen.

Wenn June nicht im Bett lag, hing sie in dem riesigen Badezimmer herum, das zu ihrem Schlafzimmer gehörte. Dort gab es eine prächtige, in den Boden eingelassene Wanne. Wenn sie unterwegs war, galt ihr Ford V8 als ihr Markenzeichen. Sie tauschte ihn jedes Jahr gegen einen neuen ein, der jedoch immer dasselbe Kennzeichen trug: A3000.

Als ich sechs war, machte ich meine erste Seereise mit June. Sie fuhr jedes Jahr nach England, um ihre Mutter in London zu besuchen, und zu meiner großen Freude durfte ich mit. Auf dem Rückweg machten wir häufig Urlaub in Südfrankreich, wo dann JC zu uns stieß. Er begleitete uns nie auf dem Schiff, vermutlich flog er lieber. Damals dauerte die Reise zwischen zwei und drei Wochen und war durch die vielen Unterhaltungsmöglichkeiten an Bord schon selbst wie ein Urlaub. Wir reisten immer mit derselben Schiffahrtsgesellschaft – der *Deutschen Ostafrikalinie* –, die einige Passagierfrachtschiffe betrieb. Wir schifften uns in Mombasa ein, fuhren die Ostküste von Afrika hinauf ins Rote Meer, durch den Golf von Aden und durch den Suezkanal. An Bord dieser Schiffe war ich in meinem Element. Schon mit sechs interessierte ich mich für die praktischen Dinge, und ich ging immer direkt zum Schiffszimmermann und bot ihm meine Dienste an. Seeleute lieben Kinder, und sie kümmerten sich gerne um mich, damit June ihren Erwachsenenabenteuern nachgehen konnte. Diese Schiffe hatten kleine Swimmingpools aus Segeltuch, und wenn ich nicht beim Zimmermann war, verbrachte ich Stunden am Pool. Für die Erwachsenen gab es Spiele wie Shuffleboard, bei dem heftig gewettet wurde, ein Wurfringspiel und ein sonderbares Spiel namens Pferderennen. Es bestand aus einem Streifen Segeltuch von ungefähr viereinhalb Metern Länge und einem Meter Breite und einer Anzahl von Holzpferden. Wenn jemand an einer Ratsche drehte, setzten sich die Pferde zitternd in Bewegung. Es gab auch Kostümfeste, die ich, kein geselliges Kind, verabscheute.

Mein Lieblingsabschnitt auf der Reise war der Suezkanal. Sobald das Schiff hineinfuhr, wurde es von kleinen Booten belagert, die wie wild von den Ufern herbeigerudert kamen. In diesen heruntergekommenen

Booten saßen ägyptische Gauner in *kanzus* mit verdreckten Tüchern um den Kopf. Sie wollten unbedingt ihre schmutzigen Postkarten, Spanische Fliegen und »echte persische Teppiche aus Belgien« verkaufen. Letzteres verwunderte mich sehr. Auch die Postkarten machten mich sprachlos. Ich dachte, die Mädchen auf den Fotos seien völlig nackt, aber diese alten Sepiapostkarten stammten aus den zwanziger Jahren und zeigten Frauen, deren Strümpfe gerade bis unterhalb der Knie heruntergerollt waren – und sie trugen Schuhe!

Das Abenteuerlichste an der Fahrt durch den Suezkanal waren die Vertäuungsboote, die richtig an Bord gebracht wurden. Damals war der Kanal eine ziemlich stark befahrene Passage, und leicht konnte ein Boot das andere rammen. Um sicherzustellen, daß dies nicht passierte, hatte jedes Schiff sein eigenes Vertäuungsboot dabei, solange es durch den Kanal fuhr. Segelte man gen Norden, kam es in Port Tawfiq an Bord, war man auf dem Weg nach Süden nach Mombasa, dann in Port Suez. Wie die Boote der Händler kamen sie herbeigerudert und wurden von den Schiffskränen an Bord gehievt, die zweiköpfige Besatzung noch *in situ*. Im Falle eines Motorversagens wurde das Boot zu Wasser gelassen, und die Männer ruderten wie verrückt zum Ufer, um das Schiff dort an einem der vielen Poller festzumachen, die zu beiden Seiten der Ufer standen.

Alle freuten sich, wenn wir Port Said erreichten, denn das war seit Beginn der Reise die erste Gelegenheit, sich die Füße an Land zu vertreten und ein paar

Läden sowie die einschlägigen Lokale aufzusuchen. Weiter den Kanal hinauf kam man zu Port Saids Antwort auf Harrods, das Kaufhaus Simon Artz. June und ich gingen immer dort vorbei, um türkischen Honig zu kaufen. Eine weitere Attraktion, auf die ich mich in Port Said freute, war der Messermann. Er war ein Zauberer und zeigte eine magische Show an Deck des Schiffes. Zu meiner grenzenlosen Verblüffung konnte er hinter meinem Ohr flauschige gelbe, nur wenige Tage alte Kücken hervorholen.

Die Reise nach England ging weiter über das Mittelmeer nach Marseille oder Genua, wo wir den Zug nach Calais nahmen und dann den Ärmelkanal überquerten. Junes Mutter, Gwynne Weir Mosley, die 1930 dem Mann von der *Daily Mail* erzählt hatte, daß Töchter, die sich ihren Müttern nicht anvertrauen, Prügel verdienten, lebte in einer Kellergeschoßwohnung in Bayswater, zusammen mit einem gewissen Jock, mit dem sie nicht verheiratet war. Sowohl Gwynne als auch Jock waren sehr freundlich, und ich mochte sie gut leiden. Gwynne besaß drei Hunde – zwei Pekinesen und ein sonderbares Tierchen namens Cuppie, das sie aus dem Zoo von London hatte. Er war zur Hälfte ein Dingo. Mit den dreien ging ich immer im Hyde Park spazieren. Eines Tages beobachtete ich die Pferde in der Rotten Row, einem Sträßchen, das mitten durch den Park führt, als eine merkwürdige, unordentliche Frau auf mich zukam und mich zu überreden versuchte, mit ihr zu gehen. Als ich mich weigerte, wurde sie aggressiv und drohte, einen Polizisten zu holen. Ich sagte, das wäre mir egal, denn ich hätte keine Angst vor der Polizei, und lief weg. Ich erzählte Junes Mutter davon, und sie dachte sich etwas Geniales aus, damit ich nicht mehr mit Fremden redete. Sie sagte zu mir, Leute, die Kinder stehlen wollten, würden sie mit Nadeln stechen, damit sie bewußtlos wurden.

June war nicht die sprichwörtliche böse Stiefmutter, manchmal verwöhnte sie mich sogar. Als wir einmal zu Besuch in London waren, nahm sie mich mit zu Hamleys. Ich durfte mir aussuchen, was ich wollte, und ich wählte ein großes Pferd mit falscher Ponyhaut und Sattel und Zaumzeug, das man abnehmen konnte, mit einer wallenden Mähne und einem Schwanz zum Kämmen.

Nach dem Besuch bei Gwynne und Jock trafen wir für gewöhnlich JC in Südfrankreich. Im Juli war die Riviera besonders sonnig und lebhaft, während in Kenia Regenzeit herrschte. JC liebte es stilvoll. Wir wohnten im Hotel du Cap in Antibes, einem Fünfsternehaus, dessen riesiger und außerordentlich eleganter Pool- und Restaurantkomplex, bekannt als Eden Roc, in den vergilbenden Zeitungsausschnitten in meinem alten Album als »Spielplatz der internationalen Gesellschaft an der Riviera« beschrieben wurde. Es waren die dreißiger Jahre, und inmitten des internationalen Jet-sets war June in ihrem Element. Hosen mit weiten Beinen waren die neueste Mode, passend zu den ebenfalls extrem weiten Hosen der Männer, und June stolzierte mit frisch frisierten und gebleichten Haaren in den neuesten Anzügen in bunten Farben umher.

Wenn wir nicht in Antibes wohnten, wählten wir Cannes, wo wir entweder im Hotel Miramar oder in einer privaten Villa abstiegen. Eine Villa, die JC mehrmals mietete, wurde das Chalet genannt, und einmal waren Prinzessin Elisabeth, die heutige Königin, und ihre Schwester Margaret Rose unsere nächsten Nachbarn. Sie stiegen jeden Tag aufs Dach, um Luft zu schnappen. Ich fand sie sehr hochnäsig und streckte ihnen die Zunge heraus. Aber sie benahmen sich wie echte Prinzessinnen und reagierten nicht darauf.

Wenn wir im Chalet wohnten, gingen wir immer ins Kasino, wo es einen Wettkampf-Swimmingpool gab. JCs Methode, mir im Alter von sechs Jahren das Schwimmen beizubringen, bestand darin, mich am tiefen Ende ins Wasser zu schubsen. Ich hatte richtig Angst und war aus Furcht zu ertrinken wie gelähmt. Ihm war das natürlich egal. »Du schwimmst, oder du kriegst eine Tracht Prügel«, lautete sein Angebot. Um nicht unterzugehen, paddelte ich instinktiv wie ein Hund. Später in jenem Sommer engagierte JC einen Trainer, der mir das Kraulschwimmen beibringen sollte. Dabei ging es nicht um mich, sondern darum, daß ich für ihn gegen andere Kinder um die Wette schwimmen sollte. Dabei setzte er 300 Francs auf meinen Sieg. Wenn ich mich fertigmachte, erinnerte er mich jedesmal daran, daß ich »eine gehörige Tracht Prügel« kriegen würde, falls ich nicht gewann. Aber meine schlimmsten Ängste galten dem riesigen Sprungbrett, das über dem Pool schwebte. »Ich wette mit Ihnen, daß das Balg vom obersten Brett springt«, prahlte JC vor versammelter Mannschaft. Ich fand Tauchen furchteinflößend. Dann stand ich zitternd und wimmernd auf dem obersten Brett ... Der Fall schien ewig zu dauern, und normalerweise schmerzte mein Rücken, wenn ich auf dem Wasser aufschlug. Aber JC gewann seine Wette, und das war alles, was zählte.

Eines Tages, es war wie üblich glühend heiß, bat ich um etwas zu trinken, doch ich bekam nichts. Ich ging schwimmen, und als ich zurückkam, fand ich ein hohes Glas mit Strohhalm und Zuckerrand auf meinem Tisch vor. Es schmeckte sehr erfrischend und zitronig, und ich schüttete den Drink dankbar hinunter. Tatsächlich war es ein Tom Collins, den June für sich bestellt hatte. An diesem Tag sprang ich ohne Widerrede vom Sprungbrett.

Vielleicht hätten mir JCs Schikanen nichts ausgemacht, wenn ich nur einmal gesehen hätte, daß er selbst ein Beispiel für den Mut und die körperlichen Fertigkeiten gegeben hätte, die er so sehr bewunderte. Doch seine Maxime lautete: »Niemals tun, was ich tue, sondern tun, was ich sage.« Das einzige Mal, das ich ihn schwimmen sah, war, als wir schnorcheln gingen. Er war gewiß nicht ein so kräftiger Schwimmer wie ich. Und ich sah ihn niemals tauchen. Ich sah ihn überhaupt niemals irgend etwas körperlich Anspruchsvolles tun. Er konnte nicht einmal reiten. Pferde waren, wie er sagte, »an beiden Enden gefährlich und in der Mitte verdammt unbequem«. Ich habe ein Foto von ihm auf meinem Pony, auf dem man ihn von hinten sieht. Es ist ein lustiges Bild. Er brauchte das Pony, damit es ihn die steile Straße von der Kaffeefabrik hinauf zum Haus von Seremai brachte, und selbst ein Zuschauer, der absolut nichts von Pferden versteht, kann sehen, daß er wie ein Kartoffelsack auf dem Pony sitzt, nicht wie ein Reiter.

Sie müssen ein komisches Paar gewesen sein, June und JC. JC betete alles an, was amerikanisch war. Die Vereinigten Staaten waren seine erste Wahl, als er sich nach dem Streit mit seiner Mutter nach einem Ort umsah, wo er sich niederlassen konnte. Er und meine Mutter hatten einige Zeit in Florida und Kalifornien verbracht und gehofft, in die Staaten emigrieren zu können. Im Jahr 1919 füllte JC in San Francisco vorläufige Papiere für die Einbürgerung aus, doch seine Bewerbung um die US-amerikanische Staatsbürgerschaft wurde abgelehnt, angeblich, weil er beim Schwarzhandel mit Alkohol erwischt wurde. Ich habe dafür zwar keine Beweise, aber so, wie er immer Rum und Gin aus der Kaffeefabrik in Nyeri verkaufte, scheint mir das ziemlich wahrscheinlich. Er war bitter enttäuscht, die Staatsbürgerschaft nicht zu bekommen, und zwar so sehr, daß in einem seiner Fliegerdokumente sogar fälschlicherweise stand, er sei Amerikaner. Das Vermächtnis von JCs unerwiderter Liebesaffäre mit den Vereinigten Staaten waren ein unsicherer, nicht sehr überzeugender amerikanischer Akzent, auf den ihn alle

Leute ansprachen, und eine Vorliebe für amerikanische Sitten. June nannte er normalerweise »Junie Baby« oder »mein Baby« und benutzte für verschiedene Dinge nicht den englischen, sondern den amerikanischen Begriff. Er trug sogar Unterhosen im amerikanischen Stil und bestand darauf, sie wie die Amerikaner »Shorts« zu nennen.

Weder June noch JC waren besonders intellektuell, und sogar ihr irgendwie langweiliger Lesestoff war amerikanisch angehaucht. June verschlang die *Saturday Evening Post*, ein wöchentliches Mode- und Klatschblatt im Stil von *Hello!* JC, der sein ganzes Leben lang von Gangstern und harten Männern fasziniert war (vielleicht ein weiterer Grund, warum der Schwarzhandel ihn so anzog), hatte den *True Detective* abonniert und vertiefte sich eifrig in die kriminellen Gangstervisagen des Magazins.

Während eines Urlaubs in Südfrankreich bekam ich von June meine erste Tracht Prügel. Wir hatten das Chalet gemietet, wo es eine schwarze Katze gab, die ich gerne mit ins Bett nahm. June fand das heraus und verbot mir, das Tier mit in mein Zimmer zu bringen. Ich gehorchte, wenn auch nur widerwillig. Ein paar Tage später fand man die Katze unter meinem Bett. Sie mußte ohne mein Wissen dorthin geschlichen und eingesperrt worden sein. Man beschuldigte mich des Ungehorsams und, als ich alles abstritt, sogar der Lüge. June befahl mir, die Hose runterzuziehen, und schlug mich mit einem Schuhleisten. Es war die reinste Folter.

In dem Leisten steckte eine Feder, so daß das Blut spritzte und ich schreckliche Wunden davontrug.

Bestrafung war ein regelmäßiger Bestandteil meiner Kindheit. Sie nahm verschiedene Formen an. Oft sperrte man mich in meinem Zimmer ein, manchmal mehrere Tage lang und ohne regelmäßige Mahlzeiten. Aber es gab noch bizarrere Strafen. June konnte ziemlich unberechenbar rachsüchtig sein und mich für Dinge bestrafen, von denen ich nicht einmal wußte, daß es Missetaten waren. Ich hatte schon als kleines Kind eine Waffe benutzen können und hatte mit der alten 0.22er meiner Mutter Tauben zum Essen geschossen. Einmal schoß ich eine Krähe ab. Als ich sie June zeigte, war diese verärgert. »Du hast sie getötet, dann ißt du sie verdammt noch mal auch.« Niemand ißt Krähen, denn das ist einfach Aas. Die Afrikaner bereiteten sie nur widerwillig für mich zu. Und das Fleisch stank grauenhaft. Von da an tötete ich nur noch, was auch in den Topf gehörte.

Außerdem wurde ich regelmäßig geschlagen, obwohl ich annehme, daß weder JC noch June in ihrer Kindheit geprügelt worden waren. Ich ärgerte mich nicht *per se* über Schläge, denn ich glaube nicht, daß ein Kind dadurch Schaden nimmt, wenn es wirklich böse war. Ich war bereit, die Strafe zu akzeptieren, wenn ich etwas getan hatte, was diese rechtfertigte, aber über unfaire Züchtigungen ärgerte ich mich. Das waren die Strafen, wenn man mir nicht glaubte, obwohl ich die Wahrheit sagte, oder weil sadistische Erwachsene mich reingelegt hatten. Es war immer June, die mich schlug. JC ergötzte sich lieber an seelischer Folter, indem er mir angst vor Schlägen machte, aber er schlug mich niemals selbst. June, die leicht aufbrauste, benutzte für ihre Prügel was immer ihr gerade in die Hände fiel.

Einmal beschuldigte sie mich, ihre abgerundete Nagelschere genommen und damit ihr Bettlaken zerschnitten zu haben. Sie holte das Laken hervor, in dem tatsächlich einige runde Schnitte zu sehen waren. Auf so eine Idee wäre ich niemals gekommen, und so bestritt ich die Tat. June wollte mir nicht glauben und wurde schrecklich wütend. Ich hatte furchtbare Angst und eilte zu Nellie Trench, damit sie mir half. Sie riet mir, alles zu gestehen. »Aber ich war es nicht«, weinte ich immer wieder, und mein Gerechtigkeitssinn bäumte sich auf. »Ich kann nichts zugeben, was ich nicht getan habe.« Doch nichts konnte June davon überzeugen, daß ich die Wahrheit sagte, und ich wurde mehrere Tage lang in mein Zimmer gesperrt.

Es muß ermüdend gewesen sein, sich ständig um das Kind einer anderen kümmern zu müssen. Ich war eine ziemlich lange Leine gewöhnt, und June wollte einfach nur Spaß haben. Gelegentlich kam es durch ihre entspannte Einstellung, was meine Beaufsichtigung anging, fast zu einer Katastrophe. Sie war mit den Hamilton-Gordon-Brüdern befreundet, die die Rennställe in Nanyuki führten, wo ein auf meinen Namen registriertes Rennpferd stand. Ihre Schwester Dot heiratete Micky Lyons und baute ein wunderschönes Haus, heute der sehr vornehme Aberdare Country Club, von dem alle Treetop-Safaris starten. Als ich ungefähr sieben war, fuhren wir zu Besuch dorthin. June hielt ein Schwätzchen mit dem Besitzer der Ställe, als mir ein Pferd auffiel, das einen Maulkorb trug und dessen Box mit einem Balken über seinem Stall geschützt war. Ich liebe Pferde, und weil das Tier mir leid tat, ging ich hinein, öffnete den Maulkorb und gab ihm ein paar Karotten. Plötzlich vermißten die Erwachsenen mich und riefen meinen Namen.

»Hier bin ich!« rief ich und steckte meinen Kopf aus der Box.

Es brach totale Panik aus. Man befahl mir, so schnell und so leise wie möglich aus der Box zu kommen. Das Pferd war ein Hengst und ein Killer. Er hatte bereits einen Pferdepfleger zu Tode getreten und gebissen.

Doch manche Schwierigkeiten in meinem Leben hatte ich nicht allein verursacht. Junes Verachtung des Status der Stiefmutter war so groß, daß sie mich als ihre kleine Schwester vorstellte, wenn sie mich beim Flirten mit anderen Männern im Schlepptau hatte. Offenbar hatte sie Angst, das Etikett Stiefmutter würde ihre Attraktivität mindern. Für sie bedeutete Stiefmutter sein, daß sie alterte und nicht mehr sexy war. Rückblickend empfinde ich die Rolle, die sie in meinem Leben spielte, eher als schwesterlich denn als mütterlich. Aber es gibt solche und solche Schwestern. June Carberrys Version war eher die unverantwortliche, verschwörerische, kontrollierende als die beschützende und liebevolle Schwester.

Wie man Hühner das Fliegen lehrt

Als ich sieben wurde, entschied irgend jemand, es sei an der Zeit, daß ich zur Schule ging. Girlies Abreise mußte etwas damit zu tun haben. Sie hatte mich von den ersten Lebenswochen an umsorgt, und jetzt heiratete sie Stephen Parker, den Geschäftsführer der Standard Bank in Nyeri. Doch ich vermute, daß Granny ihre Hand im Spiel hatte. Meine anderen Cousins und Cousinen hatten schon einige Jahre lang regelmäßigen Unterricht bei Mam'selle, und es war wohl offensichtlich, daß ich niemals richtig klarkommen würde, wenn der einzige Kontakt zu ihnen die Besuche in der Riverside Lodge waren. Außerdem wurden die Besuche bei Granny mit den Jahren immer seltener. Ich könnte mir vorstellen, daß die Beziehung zwischen meiner Großmutter und JC abkühlte, nachdem er June geheiratet hatte. June und Granny müssen so unterschiedlich gewesen sein wie Tag und Nacht.

Meine erste Schule war eine kleine private Einrichtung, die von einer gewissen Mrs. Henderson geleitet wurde. Außerdem leitete sie eine Kaffeefarm in Mweiga in der Nähe von Nyeri. Die Woche über wohnte ich in der Schule, und am Montagmorgen ritt ich auf einem Muli zu Mrs. Hendersons Haus. Dort nahm ich dem Muli das Zaumzeug ab, gab ihm einen Klaps auf den Po und schickte es nach Hause. Am Freitag holte Gatimu mich mit dem Wagen wieder ab.

Mrs. Henderson hatte einen Sohn namens Ian, der ungefähr in meinem Alter war. Wir machten eine Menge Unsinn zusammen. Wir schlichen uns in afrikanische *shambas* (»*shamba*« bedeutet »eigener kleiner Garten«) und stahlen Maiskolben. Dann liefen wir in eine andere afrikanische Hütte und rösteten sie. Wir fanden es unmoralisch, die Maiskolben dort zu rösten, wo wir sie gestohlen hatten. Ian war ein toller Kerl, später wurde er der Lokalmatador durch seinen Widerstand gegen Mau-Mau. Als ich ihn kennenlernte, brachte seine Waffe ihn in Schwierigkeiten. Er sah, wie sich etwas bewegte, und nahm an, es sei eine Antilope. Es stellte sich heraus, daß es ein afrikanisches Kind war, dem er ins Auge geschossen hatte.

Ich blieb ein paar Schuljahre lang bei den Hendersons und ging danach in eine andere private Einrichtung, dieses Mal in Nanyuki, ungefähr 35 Meilen von Seremai entfernt. Die neue Schule, »Otakilima« genannt (das bedeutet auf Kikuyu »Berg«), wurde von einer gewissen Jean Ryrie geleitet, deren Mann Bruce Farmer war. Gatimu fuhr mich mit dem Wagen dorthin. Da JC so häufig fort war, beschloß man, ich solle das ganze Schuljahr über in der Schule bleiben und nicht, wie andere Schulkinder, am Wochenende nach Hause kommen. Doch mein Aufenthalt dort sollte sich mal wieder als begrenzt herausstellen. Die Angestellten

und die anderen Schüler fanden mich wild, zigeuner-
haft und ganz und gar uneuropäisch. Mrs. Ryrie
meinte, ich »passe nicht zu ihnen«. Erstens weigerte ich
mich, Schuhe zu tragen, und bestand darauf, barfuß zu
gehen. Dann war da die vertrackte Hutfrage. Die meisten Europäer trugen damals die ganze Zeit Hüte –
normalerweise schauderhafte Tropenhelme. Kinder
hielt man für besonders gefährdet und nähte zum
Schutz der Schultern rote Flanellappen an die Helme.
Es gab aber auch Ausnahmen. Nellie Trench trug niemals einen Hut, ebensowenig June oder JC. June Carberry freute sich, wenn sie braun wurde, und JC war
der Meinung, daß das Tragen von Hüten in der Sonne
»verdammter Unsinn« sei. Ich wurde also nicht etwa
gezwungen, einen Hut zu tragen, sondern ich durfte es
gar nicht. In den meisten Fällen war ich nicht mit JC einer Meinung, aber in diesem Fall hatte ich kein Problem damit. Mein hutloses Auftreten verursachte unter
den Europäern überall Bestürzung. Auf einem Schiff,
auf dem ich zusammen mit June Carberry nach England fuhr, warnte mich einmal ein alter Mann, als er
mich ohne Hut sah, die Sonne würde mir das Gehirn
wegbrennen und es würde mir durch die Nase aus dem
Kopf laufen. Immer wenn ich danach eine Erkältung
hatte, fragte ich mich, ob jetzt wohl mein Gehirn aus-
lief, wie er es prophezeit hatte.

Es war in der Zeit, als ich in die Ryrie-Schule ging, als
JC eine seiner seltenen altruistischen Taten vollbrachte.
Jean Ryries Mann Bruce hackte Fleisch für seine

Hunde (damals gab es noch kein Tierfutter in Dosen), und dabei schnitt er sich. Die Wunde infizierte sich, und in Null Komma nichts bekam er eine schwere Blutvergiftung. Das nächste Krankenhaus war in Nairobi, drei Autostunden entfernt. JC flog ihn daraufhin mit seiner Maschine ins Maïa-Carberry-Pflegeheim (gegründet zum Gedenken an meine Mutter), doch leider konnte Bruces Leben nicht mehr gerettet werden.

Ich blieb gerne die ganze Zeit in der Schule, denn ich hatte immer mehr Angst vor JC, dessen laute, wütende Stimme das Leben auf Seremai beherrschte und dessen Grausamkeit mich abstieß. Was ich auch tat oder sagte, alles provozierte einen Wutanfall – »Halt den Mund, Balg« oder »Warum bist du bloß so verdammt blöd?« Wie alle Kolonialherren machte er, sobald wir Strom in der Fabrik hatten, eine Religion daraus, jeden Abend um neun Uhr den Nachrichten auf BBC World Service zu lauschen. Dann saß er auf seinem Sofa im Wohnzimmer, hielt die Zigarette wie immer zwischen Daumen und Zeigefinger, so daß er die Asche locker mit dem kleinen Finger abschnippen konnte, und drückte das Ohr an das Radio, das er, weil er so proamerikanisch war, nicht wie die Engländer »wireless«, sondern »radio« nannte. Wenn ich es wagte, während dieses Rituals zu sprechen, schnauzte er mich an: »Halt den Mund! Siehst du nicht, daß ich Nachrichten höre?«

JC und ich hatten keinerlei gemeinsame Interessen. Seine Leidenschaft – die Fliegerei – reizte mich kein bißchen. Meine Abneigung stammt aus gemeinsamen

Flügen mit ihm in einem Zweisitzer. Wenn er und June irgendwo hinflogen und mich mitnahmen, kam »das Balg« zum Gepäck. Das war sehr unangenehm – stockdunkel und nichts für Leute mit Klaustrophobie, als reise man im Kofferraum eines Autos. Wenn ich ausstieg, waren mir sämtliche Glieder eingeschlafen, und es fühlte sich an, als würden mich Tausende von Nadeln piksen. Einmal kamen June und JC von einem Besuch bei Freunden zurück, stiegen sofort ins Auto und fuhren los. Mich hatten sie völlig vergessen. Ich schlug gegen die Wände und rief, aber niemand hörte mich. Erst Stunden später entdeckte man mich, als die Boys und meine Gouvernante kamen, um das Flugzeug in den Hangar zu schieben.

Lässig hingeworfene Notizen über einen selbst können überraschend aufschlußreich sein. In meinem Autogrammbuch schrieb JC auf die Frage nach seinem Lieblingsland »USA«. Sein Lieblingsbuch (ich fragte ihn 1940 danach) war »Mein Kampf«, sein Lieblingsfilm »G-men«, das ist die Kurzform für »Gunmen« (dt. Titel »Der FBI-Mann«) – oder Filme über Gangster. Mehrere andere Antworten offenbaren seine Konzentration auf Geld. »Was machst du nach der Schulausbildung?« Antwort: »Sugar – Zucker« [sic]. »Wovor hast du am meisten Angst?« – »Pleite zu sein.«

Die Gewalttätigkeit in seinem Wesen verwandelte sich gegenüber Kreaturen, die sich nicht wehren konnten – also bei mir und den Tieren –, in Grausamkeit. Mich konnte man durch die Androhung von Schlägen einschüchtern, aber wenn es dann hart auf hart kam, war ich ziemlich tapfer. Er konnte mich schließlich nicht ewig schlagen. Mich durch die Tiere, meine besten Freunde in dieser ziemlich einsamen Welt, zu verletzen war ein viel subtileres Spiel.

Als ich ungefähr acht war, heckte er eines Abends einen Plan aus, den er »dem Huhn fliegen beibringen« nannte. »Ich weiß, was wir machen«, sagte er. »Wir nehmen es im Flugzeug mit rauf.« Und das tat er dann. Ich war dabei, als das Huhn herunterkam. Das arme Ding war völlig verwirrt und orientierungslos, aber es überlebte die Sache. Das Kätzchen hatte nicht soviel Glück. Unten bei der Fabrik gab es einen schweren, am Boden festgeschraubten Zentrifugalbohrer mit zwei großen Kugeln, die als Gegengewichte fungierten und herunterhingen, wenn der Bohrer nicht benutzt wurde. Wenn er sich drehte, schwangen die Kugeln auf und ab. Eines Tages half ich dabei, den Kaffee in Zellophanpakete abzupacken, oder beugte mich hinunter, um ein wenig von dem köstlichen Zuckersaft zu naschen, der aus der Zerkleinerungsmaschine lief. JC ergriff ein kleines schwarzes Kätzchen, band es an den T-förmigen Arm des Bohrers und startete ihn. Vor meinen entsetzten Augen ließ er das Tier immer weiter im Kreis herumschleudern, bis sein Kopf durch die Zentrifugalkraft zerplatzte und der Boden mit Blut und Gehirn bespritzt wurde. JC reagierte darauf mit entzücktem Gebrüll, und ich schwieg vor Abscheu und Ekel.

Ich war neun, als man mich zu meinem größten Ent-

zücken für alt genug befand, ein eigenes Pony zu haben. Seit ich auf Mafuta, dem alten Pony meiner Mutter, herumgeführt worden war, himmelte ich Pferde an
und verbrachte Stunden in den Ställen beim Striegeln
von Nellie Trenchs Pony Simba und den Mulis, die die
Farmer in Afrika benutzten. Ich setzte JC immer wieder
zu, und schließlich gab er nach. Lelly (eigentlich hieß sie
»Lady«, doch das konnten die Afrikaner nicht aussprechen) war ein hübsches graues Somalipony und kostete
5 Pfund Sterling. Sie war das Böse in Person, und JC
hatte sie nur in der Hoffnung gekauft, daß sie mir übel
mitspielen und mich für den Rest meines Lebens von
meiner Liebe zu Pferden kurieren würde. Lelly hatte
schreckliche Angewohnheiten, und ich hatte Angst, sie
zu reiten. Sie bockte so lange, bis man hinabfiel. Wenn
das nichts half, ging sie in die Knie und rollte sich auf
mich. Aber obwohl sie beim Reiten der reinste Teufel
war, gab sie sich im Stall so sanft wie ein Lamm. Ich hatte
mir immer langes, üppiges Haar gewünscht, aber JC erlaubte mir nie, es wachsen zu lassen. So übertrug ich
meine Sehnsucht nach einer wallenden Haarpracht auf
mein Pony und verbrachte Stunden damit, sein Fell zu
striegeln und den wunderschönen seidigen Schweif zu
bürsten, der fast bis zum Boden hing. In Afrika war dieser Schweif natürlich nicht nur eine hübsche Verzierung.
Er war lebenswichtig, um die Wolken marodierender
Insekten fernzuhalten, die das Vieh plagten.

JC hatte unten an der Küste ein Boot, das er zum
Hochseeangeln benutzte. Viele der Fische, hinter de-

nen er her war – Barrakuda, Königsmakrele, Merlin, Thunfisch –, bissen nur schwer an, und so lockte er die Fische mit Ködern aus weißem Pferdehaar, das in leuchtenden Farben eingefärbt war. Eines Tages kam ich in Lellys Stall, um sie zu striegeln, und mußte feststellen, daß man ihren einst so wunderschönen Schweif kurz abgeschnitten hatte. Entsetzt und weinend eilte ich davon, um JC zur Rede zu stellen und zu fragen, was er mit Lelly gemacht hatte. Er fand meinen Kummer erheiternd. »Das Haar gibt verdammt gute Köder ab« war sein einziger Kommentar. Arme Lelly. Sie war damals ewig lange mit Fliegen bedeckt, und ihr Schweif bekam nie wieder seine frühere Pracht zurück, sondern blieb zerzaust und struppig.

Kinder reagieren ebenso wie Tiere äußerst sensibel auf das Böse, und die meisten Kinder, die JC kannten, fürchteten ihn genauso wie ich. Mein Cousin Peter und meine Cousine Patty Anderson kamen eines Tages, als sie in Nyeri waren, ins Schlafzimmer auf Seremai. JC mochte Patty, ein hübsches kleines Mädchen, das er mit seiner pseudoamerikanischen Stimme gerne »Cutie« – »meine Hübsche« – nannte. Sehr zum Ärger von Patty, die ihren Bruder stets beschützte, sagte JC zu ihr, sie solle bleiben, brüllte aber den entsetzten Peter an, er solle rausgehen, er »tauge nichts«. Ein paar Jahre später traf Patty ihn an der Küste in Malindi wieder, als sie ungefähr elf und ziemlich plump geworden war. »Du bist keine Cutie mehr«, schnaubte er verächtlich. »Du bist nur eine fette, unförmige Masse.«

Kurz nach dem Zwischenfall mit dem Kätzchen fand ich heraus, daß ich noch eine Granny hatte. Als JCs Mutter Mary Carbery nach Kenia kam, wohnte sie nicht auf Seremai, was sogar ich als Kind merkwürdig fand. Statt dessen fuhr ich zu ihr zu Besuch. Sie wohnte mit ihrem zweiten Mann, Kit Sandford, in einer kleinen, abgelegenen Hütte landeinwärts, wo die eiskalten Flußläufe vor Forellen nur so wimmeln. An diesen Besuch kann ich mich nur noch verschwommen erinnern. Die Hütte, ein einstöckiges Gebäude, das aus Zedernholz gebaut war, damit es nicht von Termiten zerfressen wurde, lag völlig abgelegen. Wenn man sich von der Veranda aus umsah, wo ich mit Granny und Kit mit seinem weißen Haarschopf saß, konnte man kein anderes menschliches Wesen sehen, sondern nur Afrika.

Als Kind wußte ich nicht, daß JC mit seiner Mutter einen heftigen Streit gehabt hatte oder daß er einmal Lord Carbery und Herr einer gotischen Burg weit weg in Irland war. Heute, wo ich mehr über unsere Familiengeschichte weiß, halte ich es für wahrscheinlich, daß Granny die Reise nach Afrika unternahm, um das Kriegsbeil mit ihrem ältesten Sohn zu begraben. Ich weiß nicht, ob JC sie überhaupt gesehen hat. Am Tag meines Besuches war er nicht dabei.

Hatte JCs unangenehmes Wesen eine sexuelle Komponente? Heute weiß man, daß gewalttätige Menschen in ihren prägenden Jahren selbst Gewalt erfahren haben. Ich bezweifle, daß dies auf JC zutraf. Seine Mutter war gewiß ganz besonders nachsichtig erzogen worden, mit einem gütigen, philanthropischen Vater und einem Kindermädchen mit liebevollem, gesundem Menschenverstand, das sie vergötterte. Sie schrieb ihre eigene Kindheit in dem Buch *Happy World* auf. »Wir werden nie geschlagen oder gepeitscht, und das zum Teil, weil Nanny glaubt, Strafen würden eher Schlechtes als Gutes bewirken.«

Es ist möglich, daß JC impotent war oder zumindest sexuelle Defizite hatte. Ich habe nie gesehen, daß er sexuelles Interesse an June oder irgend jemand anderem zeigte. Das könnte vielleicht, wenn auch weit hergeholt, Junes anscheinend unersättlichen Appetit auf flüchtige Affären erklären. Ein Gespräch kommt mir dabei in den Sinn. Es war eine Diskussion zwischen June und JC über ein Ding, das Affendrüse hieß. Dieser faszinierende Ausdruck hatte zur Folge, daß sich meine jugendlichen Ohren aufstellten, auch wenn ich keine Ahnung hatte, was er bedeutete. Ich schätze, daß meine Erinnerungen so klar sind bedeutet, daß ich diesen Ausdruck auf Seremai öfter gehört habe. Es dauerte viele Jahre, bis ich herausfand, daß Affendrüse das Viagra der dreißiger Jahre war. JC hat mich nie selbst geschlagen, aber es gefiel ihm, wenn jemand anderes es tat. Vielleicht gab es in seiner Beziehung zu June auch ein voyeuristisches Element. Wer die beiden kannte, sagte, daß June auf Seremai gelegentlich über Nacht einen Freund zu Besuch hatte, wenn JC da war, und daß JC nicht etwa verstimmt war, sondern sich gar zum Frühstück zu ihnen in Junes Schlafzimmer gesellte.

Wenn das stimmt, könnte dies erklären, warum sie sich so wenig Mühe machte, ihre Untreue zu verbergen, und warum die Carberrys trotz allem eine dauerhafte Ehe führten.

Die Geister des Affenbrotbaums

Wenn ich meine Ferien nicht im Internat zubringen mußte, verbrachte ich die meisten Sommer mit Maxwell und Nellie Trench in Jadini, ihrem Haus am Meer in Diani. Der Name Jadini war eine liebevolle Ehrung ihrer drei Kinder Jack, Anne (die wir immer Nancy nannten) und Dan. *»Ini«* bedeutet »Ort von« auf suaheli, und so bedeutete »Jadini« »Ort von Jack, Anne und Dan«. Es lag nur um die zwanzig Meilen südlich von Mombasa am Indischen Ozean, und das bedeutete eine fünftägige Reise mit dem Auto durch Tanganjika. Heute ist das Gebiet Nationalpark, aber damals war alles Wildnis. Im August war Regenzeit und das Wetter im Binnenland grau und kalt und schrecklich. An der Küste jedoch war es immer mild – sogar nachts; alle schliefen dann auf der Veranda, um nicht zu schwitzen. Ich liebte diese Reise, die für mich bedeutete, mehrere Nächte auf Safariart im Busch zu kampieren. In einem Konvoi von drei oder vier Wagen fuhren wir von Seremai los, einschließlich eines Lastwagens, in dem die gesamte Campingausrüstung untergebracht war und der von einem *watu* gefahren wurde – mit dem Suaheli-Wort für Mensch wurden allgemein die Afrikaner bezeichnet. Kurz vor Sonnenuntergang machten wir halt. Dan, der jüngste Sohn der Trenches, und ich mußten im Busch Feuerholz, *kuni*, suchen, während die Boys die Zelte aufstellten. Gekocht wurde über einem Lagerfeuer, das einen behelfsmäßigen »Ofen« erhitzte – in Wirklichkeit drei große Steine. Dann wurde der *sufaria*, der Kochtopf, aufgesetzt. Als nächstes war es wichtig, die Vorräte vor den Tieren zu schützen, die von den Afrikanern *dudu* genannt werden. *Dudu* ist der allgemeine Begriff für Insekten, doch der Hauptfeind für alle Camper sind die *siafu*, die Buschameisen. Sie sind unheilvolle, aber auch faszinierende Wesen, die in riesigen disziplinierten Schlangen umhermarschieren, bei denen man weder Anfang noch Ende erkennen kann. Sie konnten jede Öffnung durchdringen, egal wie klein, und wenn sie erst einmal drin waren, drangen sie wie Miniaturpanzer immer weiter vor und verschlangen alles, was ihnen in den Weg kam, einschließlich lebendes Fleisch. Wenn sie in ein Geflügelhaus oder in den Kaninchenstall eindrangen, aus dem die Tiere nicht fliehen konnten, fand man das Vieh am nächsten Morgen tot vor. Wenn sie in Ställe einmarschierten, hörte man das Stampfen und Austreten und die Schreckensschreie der Pferde. Dann konnte man nur noch die Tür öffnen und die Tiere rauslassen. Kolonialmütter erzählten sich Geschichten darüber, wie sie ihre Babys zum Schlafen draußen gelassen hatten in dem Glauben, unter einem hübschen Netz seien sie dort vor den *dudus* sicher. Wenn sie die Kinder schreien hörten, ließen sie sie daher erst einmal eine Weile weinen, nur um dann mit Buschameisen übersäte, halb aufgefressene Körper vorzufinden. Der Tod tritt durch Ersticken ein, weil die Ameisen durch Körperöffnungen eindringen – durch die Ohren, die Nase und im Falle von schreienden Babys auch durch den geöffneten Mund. Auch Wasser hält sie nicht auf. Die Soldatenameisen, die seitlich neben der Schlange hermarschieren und größer sind als die anderen, werfen sich hinein und bilden eine Brücke, die von den übrigen Ameisen überquert werden kann. Nur ein Mittel hält sie auf: Paraffin. Auf einer Safari führte man die Lebensmittelvorräte in einem Fliegenschrank mit Wänden aus Maschendraht mit. Wenn wir anhielten, um das Lager aufzuschlagen, wurde jedes einzelne Bein des Fliegenschrankes in einen Metalleimer mit Paraffin gestellt. Aus demselben Grund stellten Mütter die Beine der Babywiegen in Schalen mit diesem Gegenmittel.

So furchterregend die Buschameisen auch waren, so verfügten sie doch über eine anspruchsvolle und faszinierende Art der Kommunikation. Als ich als Kind einmal auf eine marschierende Ameisenkolonne traf – sie kamen während der Regenzeit heraus, und dann sah man sie wie eine große schwarze Schlange auf der Straße liegen –, pickte ich mir einen Ameisensoldaten heraus und ärgerte ihn. Irgendwie teilte er dies den anderen Ameisen mit, denn in Null Komma nichts brach die Kolonne auf und eilte herbei, um ihm im Kampf gegen den Feind beizustehen. Der gleiche Buschtelegraph war zu erleben, wenn ein Mensch unabsichtlich auf Buschameisen stieß. Sie drangen in ziemlich großer Zahl vor – ständig schwärmten sie die Hosenbeine der Männer hinauf –, doch bissen sie nicht sofort. Plötzlich gab dann eine der Ameisen das Signal – »Jetzt, Jungs!« –, und alle bissen gleichzeitig zu. Dann war die Hölle los.

Die Europäer hüteten sich vor den Buschameisen. Doch wenn man sich im Busch einen Schnitt zuzog, nutzten die Afrikaner die Ameisen dazu, diesen zu vernähen. Sie fingen eine Ameise und brachten sie dazu, die beiden Seiten des Schnittes durch Bisse zusammenzubringen. Dann wurde der Körper geschickt vom Kopf getrennt, und man hatte eine sehr saubere, ordentliche Naht.

Auch wenn wir auf Safari waren, bedeutete dies nicht etwa, daß wir grobe Arbeiten verrichten mußten. Wie üblich bedienten uns die Boys – der einzige Grund, warum Dan und ich das Feuerholz holten, war, daß wir gerne in den Busch gingen. Wir waren fasziniert von den Lebewesen, die wir dort sahen. Einmal trafen wir auf eine Hyäne und jagten sie. Vor Löwen hatten wir keine Angst. Sie fürchteten uns mehr als wir sie. Das einzige Tier, vor dem wir ein wenig Respekt hatten, war das Rhinozeros. Damals waren sie sehr zahlreich, und sie sind unberechenbare Wesen, aggressiv gegen Artgenossen und immer darauf aus, zu jagen, was ihnen vor die Augen kommt.

Die Nacht im Busch war damals reinste Magie. Die Sterne am afrikanischen Nachthimmel sind so überaus zahlreich – hundertmal mehr, als man in Europa je sieht –, daß sie ihr eigenes Licht ausstrahlen. Dieser Effekt wurde noch dadurch unterstützt, daß keinerlei elektrisches Licht mit ihnen konkurrierte. Es war Maxwell Trench, der mir zum ersten Mal das Kreuz des Südens zeigte, das man nur südlich des Äquators sehen kann. Wir fanden es die meisten Nächte am Himmel. Er war es auch, der mich lehrte, den rot leuchtenden Mars zu erkennen und die Venus, die am afrikanischen Himmel grünlich schimmert.

Maxwell, der sein ganzes Leben in heißem Klima verbracht hatte, war eine Fundgrube an geheimnisvollem Wissen. Besonders gut war er in Hausmedizin, eine lebenswichtige Fertigkeit in einem riesigen Land, in dem zwischen den einzelnen Städten beträchtliche Entfernungen liegen. Er hatte die Aufzeichnungen seines Vaters aus Jamaika aufgehoben, in dem alle möglichen Heilmittel standen. Wenn wir verletzt wurden, erzählte er uns, daß man auf den Westindischen Inseln, wo eine Infektion häufig zu üblen Schwären führte, Verbände aus Kakerlaken – oder Maden – auf eine offene Wunde legte. Anscheinend fraßen die Tiere den ganzen Eiter auf und reinigten die Wunde damit gründlich aus. Europäer finden das ekelhaft, aber obwohl Kakerlaken an schmutzigen Orten leben, wird dieser Schmutz doch unausweichlich von Menschen gemacht. Außerdem sind keine von Kakerlaken verbreiteten Krankheiten bekannt.

Auf Safari im Busch klang die Nacht wie ein magisches Konzert. Hatten wir Kinder erst einmal die Sturmlampen gelöscht und lagen in unseren Feldbetten, lauschten wir voller Staunen auf diese geheimnisvollen und faszinierenden Laute, die bei Nacht so ganz anders klangen als bei Tag. Tagsüber hörten wir häufig das Rumpeln zufriedener Elefantengespräche – glückliche Elefanten geben einen angenehmen Laut wie ein lautes Schnurren ab –, das Schnauben einer Impala, die Gefahr wittert, oder das laute Bellen der Paviane. Aber bei Nacht konnten wir das Knurren eines herumschleichenden Löwen erkennen, den sonderbaren Schluckauf eines verwirrten Zebras – wie ein Esel, der beim Einatmen der Luft »Iii« macht, aber ohne das »Aaa« – und das grauenhafte Kreischen des Klippschliefers.

Manchmal fuhren wir zu meiner großen Freude noch nach Anbruch der Dunkelheit weiter. Ich liebte es, im Dunkeln zu fahren, weil wir die Augen sahen, die von unseren Scheinwerfern erhellt wurden. Sie funkelten geheimnisvoll und offenbarten uns einen kurzen verlockenden Blick in eine geheime nächtliche Welt, die nicht für unsere Augen bestimmt war. Manchmal war es nur ein Auge – das war ein Springhase, dessen Augen weit zurückgesetzt an seinem Kopf liegen, so daß man selten alle beide gleichzeitig sieht. Gelegentlich sprang ein Augenpaar direkt vor uns auf – das war ein Ziegenmelker, ein schwerer, fauler Vogel von der Größe einer großen Taube, der gerne bis zum letzten Augenblick auf der von der Sonne erwärmten Straße liegt. Meistens waren die Augen grün – Servale,

Löwen, Antilopen, Hyänen und Schakale, und manchmal offenbarte ein rötliches Auge weit über dem Boden, daß dort irgendwo Elefanten standen.

Ich empfinde es als großes Privileg, daß ich Diani kannte, bevor die Welt es entdeckt hat. Fährt man heute an diesen begehrten Küstenort, findet man einen Strand mit schneeweißem Sand vor einem Hintergrund aus Beton, der den Sand langsam ins Meer zurückzudrängen scheint. Es ist so städtisch, daß man meinen könnte, in Rio de Janeiro zu sein, und es hat eine Kriminalitätsrate, die der einer südamerikanischen Stadt in nichts nachsteht. Die Hotels, alle mit ihrem eigenen Swimmingpool für Touristen, die das pralle Leben in den tropischen Wassern des Indischen Ozeans fürchten, drängen sich zusammen, als seien sie davon überzeugt, daß sie nur zu mehreren sicher seien. Eines der elegantesten Hotels ist das Jadini. Der Strand ist voller sonnenbadender Körper in allen Farbtönen zwischen krebsrot und tiefem Bronze.

Das Diani meiner Kindheit ähnelte mehr dem unentdeckten Strand auf Daniel Defoes magischer Insel, auf der ich und Dan Trench die Rollen des Robinson Crusoe und des Freitag spielten. Mit seinem blendendweißen Sand aus Korallen, der in einen pfauenblauen Ozean führte, war es das tropische Paradies, das in Reiseprospekten immer wieder versprochen, aber nur selten geliefert wird. Im Wagen erreichte die Stimmung den Siedepunkt, wenn wir eifrig wetteten: »Wer sieht als erster das Meer?« Damals gab es dort ein oder zwei kleine Küstenhotels mit Palm- oder *makuti*-Dächern, man sah jedoch nur selten jemanden am Strand. Jadini, Maxwell Trenchs Haus, bestand aus zwei bis drei unauffälligen Gebäuden mit Flachdach, die er ständig erweiterte, je mehr wir aus dem bescheidenen Original herauswuchsen. Zuerst fügte er eine separate Küche und ein Eßzimmer hinzu, dann eine Bar, dann einen Raum für Billard- und Pingpongtische ...

In Diani war die Natur erhaben. Die Trenches standen im Gegensatz zu den Carberrys immer früh auf, und so ergötzten wir uns gemeinsam an einer der berauschendsten visuellen Wonnen, die Afrika zu bieten hat. Der Tagesanbruch an der Küste ist spektakulär. Um diese Zeit gibt es keinen Wind, und das Meer liegt so bewegungslos da wie Glas. Plötzlich steigt, wie eine goldene Kugel, die Sonne aus dem Meer auf, und das Wasser verwandelt sich in flüssiges Gold.

Der dichte, grüne, geheimnisvolle Regenwald begann wenige Meter hinter dem Haus, er war voller Leben. Es gab Buschbabys, Mungos, entzückende Jacksonchamäleons mit drei Hörnern und Affen aller Art, die ständig plapperten – schwarze und weiße Colobusaffen, Grüne Meerkatzjen, Diadem-Meerkatzen und Paviane. Die Hunde haßten die Affen und bellten sie ständig an. Aber daß ein Hund einen Affen tötete, war das letzte, was wir wollten. Wenn sie eine Diadem-Meerkatze oder einen Pavian angriffen – und das kam von Zeit zu Zeit vor –, konnte man mit einer mafiaähnlichen Vendetta rechnen. Die Affentruppen wandten sich voller Rachegelüste gegen den Hund und zerrissen ihn in kleine Stücke.

Über uns sahen wir häufig auf riesigen Schwingen den prächtigen Fischadler schweben, dessen unverwechselbarer, unvergeßlicher Schrei für so viele von uns Exilanten nach Afrika klingt. Es gab in dem Wald auch Leoparden, die immer die Ziegen jagten. Sie steckten ihre Pfoten durch die Absperrung und bissen buchstäblich ein paar Stücke aus den Tieren heraus, so daß die Nachtluft manchmal von den Schreien der Ziegen widerhallte. Wenn Leoparden in der Nähe waren, fanden wir morgens die Gehege voller verletzter, toter und sterbender Ziegen vor. Als Vergeltungsmaßnahmen legten wir Fallen aus, grausame eiserne Fußangeln, und wenn ein Leopard sich darin verfing, holte jemand eine Waffe und erschoß ihn.

Unsere Tage in Diani drehten sich um das Meer: Schwimmen, Schnorcheln und Surfen. Dan und ich jagten für unser Leben gerne Einsiedlerkrebse. Dazu nahmen wir zwei Stöcke mit einem Stück Faden am Ende. Das eine Ende steckten wir in den Sand, das andere beschrieb einen großen Kreis. Dann gingen wir auf Krebsjagd. Eine kleine, sich kaum erkennbar über den Sand bewegende Muschel galt als sicheres Zeichen dafür, daß diese Muschel bewohnt war. Natürlich waren die Tiere sehr scheu, und sobald man die Muschel hochhob, zogen sie sich nach innen zurück. Dabei benutzten sie ihre große Schere als Vordertür. Ich fand heraus, daß sie rauskamen, wenn man sie anpustete, aber man mußte die Finger wegnehmen, sonst erwischten sie einen – und sie lassen nicht wieder los. Wenn wir ungefähr ein Dutzend Krebse gefunden hatten, markierten wir ihre Muscheln mit Zahlen (dazu benutzten wir alte Briefmarken) und legten sie unter eine umgedrehte Dose. Dann riefen wir die Erwachsenen und luden sie zum Wetten ein. Maxwell war ein begeisterter Spieler. Schließlich nahmen wir die Dose weg, und die Krebse machten sich unter unserem lauten Geschrei davon. Da man Krebse nicht dazu bringen kann, in einer geraden Linie zu laufen, wurde derjenige zum Gewinner erklärt, der als erster den Kreis durchquert hatte.

Beim Surfen war Nancy meine Partnerin. Vor der Küste liegt ein Korallenriff, an dem sich schneeweiße Wellen brechen. Wir warteten, bis das Wasser ungefähr zur Hälfte zwischen Ebbe und Flut stand, denn dann waren die Brecher am größten, und schwammen direkt bis hinter das Riff hinaus, um die großen Wellen zu erwischen. Man konnte immer nur ungefähr dreimal surfen, wegen der Anstrengung, die es erforderte, sich zu den großen Brechern hinauszukämpfen. Es war perfekt, denn statt uns an den Strand zu schwemmen, brachen sich die Wellen zum Schluß sanft am Riff und reichten uns nur bis zur Taille. So waren wir bereit, zur nächsten Welle hinauszuwaten.

Der Strand war so einsam, daß Keith Campling, ein Freund von uns, Leiter des Taxiunternehmens Campling und Vanderwal, dort mit seinem Flugzeug landete.

Dazu mußte Ebbe sein, weil der Sand über der Hochwassermarke zu weich war. Aber es gab auch sonst einige weiche Stellen, deshalb mußte man sehr vorsichtig sein. Keith tauchte auf und sank tief über dem Strand ab. Das war das Zeichen für uns, unsere Positionen einzunehmen. Wir sollten uns auf die weichen Stellen hocken, damit er dort nicht landete. Einmal nahm Keith Nancy und mich in seiner Maschine mit hinauf und flog mit uns über das Riff. Dort, wo wir am liebsten surften, schwamm ein halbes Dutzend großer Haie herum. Ich kann mich nicht erinnern, daß Nancy und ich danach noch besonders gerne surfen gegangen wären.

Großes Vergnügen bereitete mir in Diani das Fischen mit den Afrikanern. Ungefähr eine halbe Meile vor der Küste gibt es ein großartiges Korallenriff, das an der gesamten kenianischen Küste entlangläuft und hin und wieder von *mlangos*, Öffnungen, durchbrochen ist, durch die Boote passieren können. Die afrikanischen Fischer fuhren jeden Tag in ihren *ngalawa* – das sind ausgehöhlte Kanus mit Auslegern, die sie vor dem Kentern schützen sollten – mit der Ebbe hinaus, um am Riff zu fischen. Manchmal nahmen sie mich mit und zeigten mir, wie man mit spitzen Stangen Oktopusse fing. Man mußte über das Riff laufen und nach Löchern Ausschau halten. Oktopusse verstecken sich gerne darin und verbergen den Eingang mit Steinen. Wenn man so ein Loch fand, zog man an den Steinen. Stieß man auf Gegenwehr, wußte man, daß jemand zu

Hause war. Dann nahm man einen dünnen, biegsamen Stock und stocherte damit in dem Loch herum. Damit wollte man den Oktopus irritieren. Nach einer Weile war er dann so genervt, daß er angriff und seine Tentakeln um den Stock wand – und um den Arm des Fischers. Man mußte lernen, nicht zurückzuschrecken und so lange auszuhalten, bis der Körper des Oktopus weit genug aus dem Loch herausgekommen war. Dann packte man ihn. Das mußte sehr schnell gehen. Die Tiere sind mit einer schwarzen, knochigen Waffe ähnlich einem Vogelschnabel ausgerüstet, mit dem sie einem einen schmerzhaften Biß zufügen können. Sobald man den Körper erwischt hatte, riß man sich die Tentakeln vom Arm, drehte den Körper von innen nach außen und schlug den Oktopus auf einen Stein, um ihn zu töten. Wenn ich einen gefangen hatte, brachte ich ihn zu den Küchen-*totos*, die ihn für mich zubereiteten.

Bei Flut fingen die Afrikaner den Fisch auf dem Riff mit Speeren. Sie brachten mir auch bei, was im tropischen Meer gefährlich und giftig war. Auf das Riff ging ich niemals barfuß, obwohl die Afrikaner es taten. Ich trug immer *takkis* – heute nennt man das Turnschuhe – oder Stiefel, die den Knöchel schützten. Die Korallen waren sehr scharf, und es gab viel zu viele Seeigel, Steinfische, Skorpionfische und Stachelrochen. Haie sah man nur selten. Sie konnten zwar bei Flut auch hinter das Riff gelangen, doch sie waren sorgfältig darauf bedacht, nicht zu stranden.

Durch die Fischer von Diani entdeckte ich auch die *shetani*. JC verabscheute alles, was mit Religion zu tun hatte. Das rührte noch von der Fehde mit seiner Mutter her. Sein Haß gegen das Christentum hatte für mich positive Begleiterscheinungen. Auf allen Schulen, die er für mich aussuchte, wurde ich vom Religionsunterricht befreit. Daher gab es ein Vakuum in meiner Heidenseele, und dieses Vakuum füllten die *shetani*. Mein ganzes Leben lang habe ich großen Respekt vor afrikanischen Hexenkünsten gehabt. Die Afrikaner haben sich der Weltsicht verschrieben, daß Gott in der Natur lebt. Die *shetani* sind die Geister, die in Orten wie Höhlen und Bäumen wohnen – ganz besonders in Affenbrotbäumen und Banyanbäumen – und die der Mensch besänftigen muß. An der Küste war mir die Gegenwart der *shetani* und der Medizinmänner, die mit ihnen sprachen, bewußter als im Binnenland. Ohne Opfergaben können Geister sehr boshaft sein. Man sollte niemals Unsinn mit ihnen treiben, ermahnten die Afrikaner mich. Um zu zeigen, daß ein bestimmter Baum oder eine Höhle von Geistern bewohnt war, band der Medizinmann, oder *mganga*, Stücke von rotem oder weißem Stoff an Stangen und stellte diese an markanten Stellen auf. Affenbrotbäume haben häufig große Aushöhlungen, in die man Opfergaben in Form von Essen oder Münzen legte. Wenn ich mit den Fischern hinaus aufs Riff ging, riefen sie stets den *shetani* an, der dort in den Höhlen lebte, damit wir sicher wieder nach Hause kamen.

Als ich ein Kind war, fingen einige Europäer an, Häuser am Strand zu bauen. Oft brachten sie *fundis* oder Bauarbeiter aus dem Binnenland mit, da sie weniger abergläubisch waren. Doch sobald sie ohne die notwendigen Besänftigungen loslegten, stürzten oder verletzten sie sich. Maxwell Trench bekam es mit den *shetani* zu tun, als er Jadini baute. Dort gab es Korallenklippen, und er wollte sein Haus erweitern. Keiner der ortsansässigen Bauleute war damit einverstanden, weil die *shetani* es nicht billigen würden. Maxwell wurde wütend und sagte, er würde die *shetani* mit Dynamit aus den Felsen sprengen. Das tat er auch, woraufhin ein Stück Fels herausflog und die Arterie an seinem Bein durchtrennte. Die Afrikaner nickten nur: »Wir haben es Ihnen gesagt.« Als sie darauf bestanden, nach dem Medizinmann zu schicken und eine schwarze Ziege zu opfern, war Maxwell gezwungen, ihrem Wunsch nachzugeben. Ebenso war eine schwarze Ziege als Opfer beim Brunnenbau erforderlich. Ohne es hätte der Brunnen nur Salzwasser gespendet.

Als Kind akzeptierte ich, ohne zu fragen, was die Afrikaner mir über Magie erzählten – aber auch als Erwachsene passierten mir sonderbare Dinge. Im Wald unten an der Küste gab es einen riesigen Affenbrotbaum. Ich kannte ihn schon mein ganzes Leben lang. Wenn wir von den Ausflügen zum Fischen zurückkamen, navigierten die Afrikaner an dem Baum vorbei, damit sie ihren Weg durch die *mlango* fanden. Die Affen brachen gerne die großen Samen auf und lutschten den durststillenden Saft, der nach Weinstein schmeckte. Ich tat es ihnen nach. Weil der Baum auf toten Korallen wuchs, verliefen seine Wurzeln hauptsächlich über dem Boden. Sie fächerten sich überall um den Baum herum auf und standen gut 30 Zentimeter aus dem Boden heraus. So balancierten kleine Kinder wie ich gerne wie auf einem Hochseil auf ihnen. Die Afrikaner betrachteten den Affenbrotbaum als heiligen Baum. Viel später – ich war schon erwachsen und in der Handelsmarine – erzählte ich ein paar Freunden von einem holländischen Schiff von jenem Affenbrotbaum. Daraufhin machten wir uns auf die Suche nach ihm. Aber wo ich auch suchte, er war nicht mehr da. Und es fand sich auch keine Stelle, an der er gestanden haben könnte. Ich war zutiefst verwirrt. Als ich das nächste Mal mit den Fischern zum Riff hinausfuhr, fragte ich sie, was mit dem *shetani*-Baum geschehen sei.

»Nichts«, antworteten sie.

»Aber ich wollte ihn ein paar Leuten zeigen und konnte ihn nicht finden.«

Die Fischer brachen in brüllendes Gelächter aus. »Natürlich nicht. Sie glaubten nicht daran. Du hast ihn Ungläubigen gezeigt. Er ist aber immer noch da.«

Und so ist es. Gut geschützt steht er auf dem Grundstück eines der großen Hotels in Diani, und darüber freue ich mich sehr.

Mit den Haien schwimmen

Auch John Carberry hatte ein Haus an der Küste – in Malindi, achtzig Meilen nördlich von Mombasa. Doch während die Reise mit den Trenches ein durch und durch afrikanisches Erlebnis war, war das Reisen mit den Carberrys immer von jener gleichgültigen, leicht erschöpften Art der reichen Kolonialisten geprägt. Zum einen schlugen JC und June niemals ein Lager auf. Schon bald hatte JC in Malindi seine eigene Landebahn errichtet, so daß wir auf absolut luxuriösem Wege von Nyeri aus anreisen konnten. Anfangs fuhren wir jedoch mit dem Nachtzug von Nairobi nach Mombasa. Er verließ die Stadt um sechs Uhr abends und kam um acht am nächsten Morgen an der Küste an. Junes Ford V8 nahmen wir mit.

Verglichen mit den funktionalen Zügen von heute, waren die alten Schlafwagen der imperialen Zeit so komfortabel wie Fünfsternehotels. Die Kabinen hatten zwei oder vier Kojen mit Waschbecken und Ventilatoren darin. Getränke, unter anderem der Morgentee, konnten auf Klingelzeichen bestellt werden. Die Toiletten, ein paar Schritte den Gang hinunter, gab es in zwei Ausführungen – zum Sitzen für Europäer und zum Hinhocken für Asiaten. Und das Abendessen fand in drei Schichten statt, für die Karten verkauft wurden. Ein Steward kündigte sie an, indem er durch den ganzen Zug lief und auf einem Instrument, ähnlich einem kleinen, tragbaren Xylophon, eine einfache Melodie spielte. Die Melodie erinnerte an den Singsang der Eiswagen, mit dem die Kinder angelockt wurden, und nannte sich *Officers' Dinner Call*. Während man im Speisewagen aß (das Essen war köstlich), richtete der Steward die Betten her. Für einen kleinen Aufschlag konnte man eine Matratze bekommen, ein Service, den JC immer gerne nutzte. Ich mußte mich mit dem Sitz zufriedengeben. Alle Angestellten – Köche, Kellner, Stewards – waren Goan, die Folge von Hunderten von Jahren portugiesischer Herrschaft an der ostafrikanischen Küste. Die Fenster in den Kabinen konnte man mit einem Gurt hochziehen oder herunterlassen und die Scheibe damit gleichzeitig in der gewünschten Höhe verankern. Wenn wir in Nairobi losfuhren, ließen wir das Fenster immer unten, denn in den Athi-Ebenen gab es stets Wild zu sehen. Sobald es dunkel wurde, zogen wir einen Drahtschutz vor das Fenster, um den Ruß aus dem Qualm des Zuges sowie die Moskitos, welche Malaria übertragen, draußen zu halten. Diese Insekten verseuchen das gesamte Küstengebiet.

Um zu der Insel zu gelangen, auf der Mombasa liegt, mußte der Zug den Makupa-Damm überqueren. Vom Bahnhof aus fuhren wir normalerweise zum südlichen Ende der Insel, wo June sich nach der Zugreise gerne in einem der Wahrzeichen des alten Mombasa, im Manor

Hotel, erholte. Es war trotz des Daches aus grünkorrodiertem Eisen ein hübsches, leicht verfallenes Gebäude mit einem Hauch von altmodischem Luxus. Es stammte aus den frühesten Pioniertagen um die Zeit der Jahrhundertwende.

Der bezauberndste Teil von Mombasa war der alte Hafen. Dort segeln gegen Ende des Jahres, wenn der *kaskazi*-Monsun von Norden nach Osten bläst, die anmutigen Dhaus herein, voll beladen mit allen möglichen Gütern, wie sie sie schon seit Jahrtausenden transportieren: wunderschöne Gegenstände aus dem Persischen Golf und dem Arabischen Meer – Perserteppiche, fein geschnitzte arabische Truhen, Mangalore-Dachziegel aus Indien – und Lebensmittel: Säcke voller ägyptischer Baumwollsamen als Tierfutter, getrocknete Früchte, getrockneter und gesalzener Fisch ... Hier, auf einem niedrigen Korallenriff, das den Hafen beherrschte, lag Mombasas ältestes Denkmal, die rosafarbene Festung Fort Jesus. Sie war Ende des sechzehnten Jahrhunderts im maurischen Stil erbaut worden, um die feindlichen Araber der Region auf Abstand zu halten. Zu meiner Zeit war sie ein Gefängnis unter britischer Leitung, in dem John Carberry ein paar Jahre später sitzen sollte. Fast nebenan lag der exklusive Mombasa Club, zu dem alle britischen Offiziere Zugang hatten. Die Mitgliedschaft war besonders begehrt, da der Club einen eigenen Meerwasser-Swimmingpool hatte, und zahlreiche andere Annehmlichkeiten bot.

Um von Mombasa nach Malindi zu kommen, verließen wir die Insel in nördlicher Richtung über die Nya-li-Brücke. Heute ist die Nyali-Brücke ein festes Bau-werk aus Beton, doch in meiner Kindheit war es eine der längsten Pontonbrücken der Welt. Der erste Teil der Reise führte uns durch den Sisalstaat Vipingo, der sich über viele Meilen erstreckte. Sisal war damals, als die britischen Farmer ihr Heu und Stroh damit banden, eine riesige Industrie. Mir fiel immer auf, daß dort noch Affenbrotbäume standen, obwohl das Land für den An-bau von Sisal gerodet worden war. Ich bezweifle, daß die Erwachsenen den Grund kannten, aber ich wußte es: Es war wegen der *shetani*. Bald danach erreichten wir die Bucht in Kilifi, die wir per Fähre überqueren mußten. Das war einer der Höhepunkte der Reise. Heute fährt man über eine Brücke, doch in den dreißiger Jahren ließ man den Wagen von einer Kettenfähre ziehen. Die Afrikaner liefen rückwärts und zogen das Auto an der Kette hinüber. Dabei sangen und stampften sie und be-gleiteten sich selbst auf den Schalen der Schneckenmu-scheln. Der Text war in Suaheli, und ihre Lieder han-delten von dem, was sie um sich herum sahen. Sehr häufig besangen sie auch ihre arglosen europäischen Passagiere. Ein kahler Kopf, ein unordentlicher Bart, ein paar eher große Brüste wurden erspäht und aus dem Stegreif zu einem nicht gerade respektvollen Lob-gesang gemacht – sehr zur Erheiterung eines kleinen europäischen Kindes, das Suaheli sprach.

Nördlich der Kilifi-Bucht führte die Straße in den Sokoke-Arabuko-Wald hinein. Das war der beste Teil der Reise. Auf einem schmalen, staubigen Pfad, der den wuchernden grünen Urwald durchschnitt, sah man häufig Elefanten. In dem Wald wuchsen große majestätische Bäume – Ebenholz, Teak, *mbambakofi* und *mvuli* (beides tropische Harthölzer) –, und auf den Bäumen tummelten sich in der engen Fülle der Fruchtbarkeit, angefacht durch die dichte, feuchte Luft, Kletterpflanzen, Farne und Orchideen. Über unseren Köpfen flogen schwarzweiße Colobusaffen hin und her, während wir auf dem Boden riesige, langsam dahinschleichende Monitorechsen sahen, außerdem alle Arten von Antilopen – das winzige Dik Dik, den Ducker, den Buschbock – und gelegentlich einen Leopard. Dieser Wald war auch die Heimat der seltenen Sokoke-Eule. Damals hörten wir ihren sonderbaren Ruf sehr häufig. Er klang nicht wie der englischer Eulen, sondern eher wie »tonk tonk tonk«. Ich frage mich, wie lange sie wohl noch überleben wird, denn der Wald wurde stark gerodet. Was früher einmal ein schmaler Pfad durch einen Garten Eden war, der Dutzende Arten von Bäumen, Blumen, Säugetieren, Vögeln und Reptilien beherbergte, ist heute eine breite Asphaltstraße. Sie wird zu beiden Seiten von einem Streifen Wald verziert, der nur wenige Meter breit ist und lediglich kosmetischen Zwecken dient. Während der Regenzeit, wenn alles grün ist, wirkt er immer noch ziemlich dicht, aber in der Trockenzeit kann man direkt hindurchsehen und erkennen, wie schnell er endet und wo das bebaute Land beginnt.

Am nördlichen Ende der Bucht von Malindi lag die Mündung des Flusses Sabaki. Nachts nahm uns JC dorthin mit, um mit einem Suchscheinwerfer Krokodile zu jagen. Wir machten mit den Fackeln ihre Augen ausfindig und schossen auf sie wie auf Tontauben. Das war eine derartige Verschwendung von Leben. Wir bekamen nicht einmal die Häute, denn wenn man ein Krokodil erschießt, geht es unter.

Schon in meiner Kindheit war Malindi weiter entwickelt als Diani. Diesen Teil der Küste hatten im Mittelalter die Araber kolonisiert. In der Alten Welt war es eine phönizische Hafenstadt gewesen, zuerst von den Portugiesen, später von den Arabern beherrscht. Damals natürlich noch weit von der wimmelnden Masse stilloser Strandhotels entfernt, die dort heute zu finden sind. Heute dagegen rühmt man sich sogar eines Golfplatzes. In meiner Kindheit gab es neben den *bandas*, oder Strandhäusern, wie dem unseren, noch zwei alte Hotels – das Lawfords und das Sindbad. Sie waren in einem Stil gebaut, den man überall in den Tropen findet: auf Mangrovenpfählen, den *boriti*, und mit *makuti*-Dächern.

Es gab sogar einen Laden, einen Krämerladen, geführt von Mr. Abbas, einem Araber. Dort konnte man Omo kaufen, Vim, gebackene Bohnen und Zeitungen. Ein weiterer Blickfang, ebenfalls schon lange verschwunden, war eine Kamelmühle. Unter einem Rieddach ging das unglückliche Tier mit einer Augenbinde den ganzen Tag im Kreis herum und mahlte Hirse und *sim sim*, Sesamsaat.

Das Klima an der Küste war heiß und feucht. Zur heißesten Jahreszeit, im Dezember, Januar und Februar, lag die Temperatur hoch in den dreißiger Werten, und die Feuchtigkeit betrug neunzig Prozent. Alle Fenster und Türen, die sich im Haus öffnen ließen, standen weit offen, um soviel Durchzug wie möglich zu schaffen. Oft war kein Glas in den Fenstern, es gab nur Fensterläden, und die Türen zwischen den einzelnen Zimmern waren hüfthoch wie Stalltüren. Ein Nachteil dieser durchzugfördernden Bauweise war ein gewisser Mangel an Privatheit, doch dies wurde durch das ungeheuer nützliche Suaheli-Wort »hodi« überwunden. Das bedeutet »Darf ich hereinkommen?« und wurde von allen benutzt, die sich einem Zimmer näherten, vom Boy mit dem Morgentee bis zu unerwarteten Gästen, die auf einen Dämmerschoppen vorbeikamen.

An der Küste schliefen alle auf der Veranda, eine gesellige Gewohnheit, die mir gefiel, da ich allein im Dunkeln immer Angst hatte. Wir schliefen auf *usutu*-Betten. Sie hatten einen Holzrahmen und eine mit Kapok gefüllte Matratze (Kapokbäume wuchsen überall an der Küste) auf einem Gewebe aus geflochtenen Kokosnußfasern. Jedes Bett hatte sein eigenes Moskitonetz, das an einem Ring in der Verandadecke hing. Obwohl wir uns so sorgfältig vor Bissen schützten, bekamen alle, sowohl Europäer als auch Afrikaner, Malaria. Einfach jeder bekam sie. Damals betrachtete man sie als ungefähr so gefährlich wie heute eine Erkältung.

Ein Bild von mir im Alter von 17 Jahren

John Carberry als Kind in Irland und mit seinem jüngeren Bruder Ralfe

Maïa Carberry flog als erste nonstop von Mombasa nach Nairobi

John Carberry als junger Mann

Ein seltenes Bild von mir und meiner Mutter

Das Haus in Seremai

Ich mit Maxwell Trench

Von links nach rechts: *Kamau (der auf mich aufgepaßt hat), Mathenge (Hausangestellter), Gatimu (unser Erster Hausangestellter) und Kimani (Koch)*

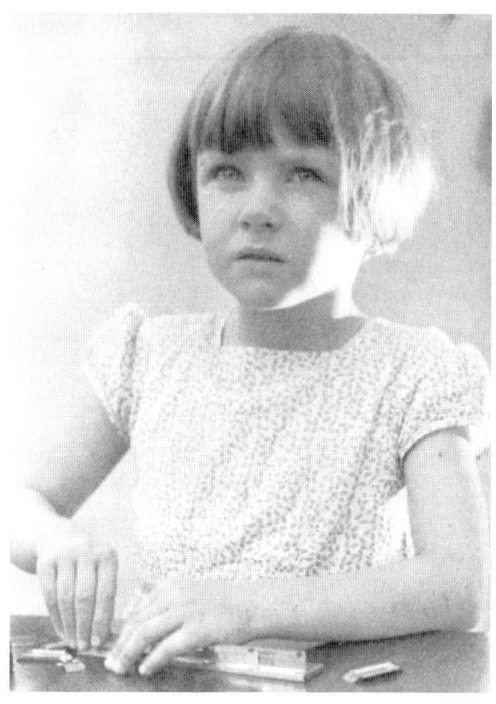

Ich mit einem furchtbaren Haarschnitt

Maxwell Trench

Nellie Trench

June Carberry; rechts: in Seremai

Ich, im Alter von elf Jahren, mit zwei Freundinnen

Pieter, Rutt, June und ich mit dem Krokodil, aus dem eine Handtasche für June gemacht wurde.

Ich und mein Hund Boppy mit Valerie Ward, die regelmäßig zu Junes Parties kam

Unterwegs mit der Rikscha in Mombasa, hinter dem Manor Hotel

Kikuyu mit einem Doktor (links)

*Das Autogrammheft mit einer Unterschrift von Delves Broughton. Die Fragen
lauteten: Was ist dein Lieblingstier /-hobby /-thema /-sport /-beruf /-buch /
-land /-film? Was ist besser als die Liebe? Wovor hast du am meisten Angst?*

Meine Vorladung vor Gericht im Lord-Erroll-Mordprozeß

Familienpicknick mit Patty, Tante Caroline und Onkel Gerald

Mein Onkel Dr. Gerald Anderson

Ich war stolz, eine FANY zu sein.

Ich hatte sie unzählige Male. Die Inkubationszeit dauerte zehn Tage, und wenn die Krankheit ausbrach, war man fünf Tage lang krank. Damals gab es als einziges Mittel dagegen nur das fürchterliche, bittere Chinin (dasselbe Chinin, das meine Großmutter benutzte, um mir das Daumenlutschen abzugewöhnen) und viel, viel zu trinken. Wenn man nichts trank, bekam man Schwarzwasserfieber, und dann wurde es ernst.

Zuerst war die *banda* der Carberrys genauso primitiv wie die der Trenches unten an der Küste. Unter dem *makuti*-Dach gab es mehrere Schlafzimmer, eine Veranda um das ganze Haus herum und eine angebaute Küche. An den *makuti*-Dächern liebte ich, daß sie stets einer ganzen Reihe ungeladener wilder Tiere Unterschlupf boten. Sie beherbergten Eidechsen, Fledermäuse und ihre Jäger. Es kam nicht selten vor, daß eine Schlange, die ein Auge auf einen Gecko geworfen hatte, auf dem Dach ins Rutschen kam und auf einem Menschen landete, woraufhin die Hölle losbrach. All diese Wesen mußten sich irgendwie erleichtern, und es war ganz normal, daß man plötzlich etwas plätschern hörte und sah, wie ein Stückchen Fledermaus- oder Geckokot in der Suppe dümpelte. Deswegen zogen viele Europäer schließlich Decken in ihre Häuser ein. Die Geckos, nachtaktive Wesen, verbrachten die Tage für gewöhnlich versteckt hinter einem Bild an der Wand und kamen nur nachts heraus. Dann machten sie untereinander lustige »Klick-klick«-Geräusche. Manchmal brach hinter einem Bild ein Kampf aus, und man sah das Bild plötzlich an der Wand herumhüpfen. Die Geckos hatten die unangenehme Angewohnheit, sich auf Büchern zu erleichtern, aber sie fraßen auch alle Arten von Insekten und Motten, also störten sich die meisten Menschen nicht an ihnen.

Das Fehlen von fließendem Wasser bedeutete, daß wir Plumpsklos benutzen mußten. Sie waren überall in Ostafrika normal, bis das Blue Posts Hotel in Thika in den zwanziger Jahren die ersten Wasserklosetts in der Kolonie einbaute. Baden war an der Küste ein Problem. Zum Ausgleich dafür, daß der Strand, anders als in Diani, hellen Sand hatte, brandeten die Wellen hoch, denn es gab vor der Küste kein Riff.

Ich war Frühaufsteherin und ging morgens immer mit den afrikanischen *totos* auf der Suche nach Schildkröteneiern an den Strand. Die Eier hatten eine ledrige Schale, die wir einstachen, um den Inhalt herauszulutschen. Im Gegensatz zu Hühnereiern gab es kein Weißes, nur ein köstliches, schmackhaftes Eigelb. Außerdem machte ich mich nach unserer Ankunft immer sofort auf die Suche nach meinem geliebten *madafu*. Diese Köstlichkeit konnte ich im Binnenland niemals genießen. *Madafu* ist der Saft einer unreifen Kokosnuß, bevor sich das Fleisch herausgebildet hat, und das Köstlichste, was man sich vorstellen kann. Die Erwachsenen tranken den Saft mit Gin, was mir wie ein Sakrileg vorkommt. Ich bekam von *madafu* immer Durchfall, aber das war es mir wert.

Zwar war der Lebensstandard ziemlich einfach, doch

die *banda* in Malindi hatte unabhängig von Seremai eigene Angestellte, denen Kaimoi vorstand, ein Kikuyu aus dem Binnenland. Die einheimischen Bediensteten kümmerten sich um das Vieh: Ziegen, die uns mit Milch versorgten (Kühe oder Pferde konnte man dort wegen der Tsetsefliegen nicht halten), ein Strauß, der die Boys terrorisierte, wenn diese die *dhobi* machten, indem er ihnen die Seife stibitze und auffraß, und mehrere Haustiere – Mungos, Buschbabys und verschiedene Affen. Das Buschbaby gehörte June. In Wahrheit geben sie lausige Haustiere ab. Zwar fressen sie dem Menschen ganz niedlich Bananen aus der Hand und sitzen auf dessen Schulter, doch pinkeln sie ihm dabei einfach den Rücken voll. Außerdem sind sie nachtaktiv. Wenn ich mit ihnen spielen wollte, lagen sie schlapp da und waren sehr uninteressant, nachts dagegen, wenn ich schlafen wollte, tobten sie herum und stießen Schreie aus wie eine Todesfee. Leute aus dem Binnenland beschwerten sich beim Frühstück häufig, in der Nacht sei irgend etwas auf dem Dach entlanggewandert. Buschbabys waren einerseits deswegen beliebte Haustiere, weil sie mit ihren riesigen Augen und den kleinen menschlichen Händen so niedlich aussahen, und andererseits, weil sie leicht zu fangen waren: Sie ernähren sich von den Früchten des Cashewbaumes, und manchmal fermentieren diese Früchte, so daß die Tiere betrunken werden und aus den Bäumen fallen. Dann heben die Afrikaner sie auf und verkaufen sie.

Zusätzlich zu den ständigen Angestellten brachten

wir auch ein paar Boys aus Nyeri mit. Für gewöhnlich begleitete uns Waiganjo, der seine Fähigkeiten als Mechaniker von Flugzeugen auf Boote übertrug. Die einheimischen Afrikaner von der Küste nördlich Mombasas waen Giriama, deren Frauen oben ohne gehen und nur Röcke aus bedrucktem Kattun im Hawaiistil tragen. Unseren Boys fielen bei ihrem Anblick fast die Augen heraus.

Im Binnenland hielten sich die meisten Kolonialisten hingebungsvoll an die Ernährungsweise des weißen Mannes. An der Küste jedoch wurde die Küche afrikanischer. Es gab immer noch Schinken, Toast und Marmelade zum Frühstück, aber zusätzlich auch Papayas und Mangos. Fisch und Ziegencurry ersetzten den englischen Braten, und es gab das köstlichste Grundnahrungsmittel dieser Küche: *tui*. Das ist eine Art Kokosnußcreme. Man vermischt das geriebene Fleisch der Kokosnuß mit heißem Wasser und preßt die Restflüssigkeit durch ein Sieb. Sie bildet die Basis für Saucen, in denen Fisch- und andere Currys gekocht werden. Die Erwachsenen benutzten sie als Sahneersatz für den Kaffee, ich fand die Creme köstlich in Fruchtsalaten.

Als die Jahre ins Land gingen, nahm das Haus in Malindi ebenso wie das Haus der Trenches in Diani an Größe und technischer Ausstattung zu. JC baute einen Club in der Nähe des Hauses, den er nach seinem Lieblingswasserloch an der französischen Riviera Eden Roc nannte. Den Namen gibt es immer noch, wenn auch das Eden Roc heute nur ein Touristenhotel unter vielen ist. Ein weiterer Name aus meiner Kindheit ist Ngowe House, ein Seniorenheim, benannt nach einer in Jamaika beheimateten Mango, die Maxwell neben JCs Landebahn in Malindi anbaute. Der sonderbare Baum steht auch heute, sechzig Jahre später, noch dort.

Die Errichtung des Eden Roc Clubs, zum großen Teil die Arbeit des erfinderischen Maxwell Trench, brachte fließendes Wasser und Wasserklosetts mit sich. Um an Wasser zu gelangen, bohrte man ein Loch, doch das Wasser an der Küste schmeckte immer brackig. Als es um die Zisternen der Toiletten ging, verfügte JC, stets geizig bis auf den Penny, daß Kugelventile eine sinnlose Ausgabe seien. Statt dessen nahm man alte Pökelfleischdosen. Die viele Arbeit, die dadurch entstand, daß man sie zunächst zusammenschweißen und, wenn sie verrostet waren, wieder ersetzen mußte, war beträchtlich teurer als die ursprünglich eingesparten Kosten.

So wie er in Nyeri seine Flugzeuge hatte, besaß John Carberry an der Küste das zweite Spielzeug reicher Playboys, eine Jacht. Luxusboote waren auch damals schon ein teures Hobby, und JC gehörte zu einer Handvoll Männer in der Kolonie, die es sich leisten konnten. JCs Boot, die *Nguva*, war ein luxuriöses, mit Teppichen ausgelegtes Motorboot mit einer großen Doppelkabine und einer kleineren, in der ich schlief. Heute würde man sie Schnapsdampfer nennen. *Nguva* ist der afrikanische Name für eine Dugong oder Meerkuh, das lethargische Säugetier aus dem Indischen

Ozean, das die Menschen angeblich zu den Legenden von der Meerjungfrau inspiriert hat. Ein großer Teil unserer Zeit an der Küste drehte sich um die *Nguva*, die im Hafen von Mombasa vor Anker lag. Für diese Hochseeangeltrips mit der *Nguva* hatte JC den herrlichen Schwanz meines Ponys Lelly abgeschnitten. Er nahm die *Nguva* mit hinunter nach Pemba Island nördlich von Sansibar, um Thunfisch, Koli Koli, Merlin und Barrakudas zu fischen.

JC war vielleicht ein fähiger Flieger, aber kein besonders guter Seemann. Er fuhr nie allein mit der *Nguva* hinaus. Für gewöhnlich gab Maxwell Trench den Steuermann, und Waiganjo fuhr immer mit für den Fall, daß etwas mit dem Motor schiefging. Dann hatten wir stets noch ein oder zwei Boys an Bord, die kochten und den Fisch säuberten und ausnahmen.

JC fing gerne Haie. Im Meer rund um Mombasa gab es reichlich davon. JC segelte mit der *Nguva* um die nördliche Seite von Mombasa Island herum und einen Meeresarm mit Namen Tudor Creek hinauf. Dort lag ein Schlachthaus. Das Blut und die Eingeweide, die dort ins Meer liefen, zogen die Haie an, und das Schlachthaus bot außerdem eine gute Quelle für Köder. JC legte Haihaken mit Schafsköpfen als Köder aus, die allgegenwärtige *debbe* (Öldose) diente als Schwimmer. Hoch oben auf einem Ufer, mit Blick über den Meeresarm, lag das Tudor House Hotel, wo wir immer abstiegen. Es wurde von einem Mann namens White geführt. Er hatte einen Sohn, der ein paar Jahre älter war als ich. Als ich ungefähr zwölf war, bestand JC darauf, daß ich und dieser Junge 120 Meter über den Tudor Creek gegeneinander um die Wette schwammen, damit er auf den Sieger setzen konnte. Wegen des Risikos, von einem Hai angegriffen zu werden, erlaubte White seinem Sohn das Rennen nur, wenn ein Boot ihn begleitete, JC dagegen stellte keine Bedingungen für mich. Er blieb auf der Veranda des Hotels, während wir zum Strand hinuntergingen und uns ins Wasser stürzten. Ich hatte furchtbare Angst, und mein einziger Gedanke war, es so schnell wie möglich hinter mich zu bringen. Wir kamen im Boot zurück, und ich weiß nicht einmal mehr, wer gewonnen hat.

Dieses Rennen war nicht das einzige Mal, daß JC mich zwang, in Gewässern zu schwimmen, die, wie er genau wußte, von Haien verseucht waren. Doch das nächste Mal bekam er mehr, als er erwartet hatte. Die *Nguva* lag im Hafen von Kilindini vor Anker, zwischen dem Festland und der Südseite von Mombasa Island vor dem Outrigger Yacht Club, wo bereits ein paar Taucher von Haien erwischt worden waren. Gegenüber des Anlegeplatzes der *Nguva* lag eine Mole, von der aus eine Flotte kleiner Motorboote als Taxiservice für die Leute fungierte, die von ihren Schiffen und Booten an Land gehen wollten. Den Service leitete ein Mann namens Kempton, und die Boote waren als K-Boats bekannt. In diesen Tagen, als es noch keinen Funkverkehr gab, hißte man eine bestimmte blaugelbe Flagge mit einem K, wenn man an Land gehen wollte, und schon kam ein Boot herbei.

Eines Tages – ich muß so um die vierzehn Jahre alt gewesen sein – wollte JC an Land gehen. Die *Nguva* hatte ihr eigenes Beiboot, das jedoch gerade bei den K-Boats ungefähr dreißig Meter entfernt am Ufer lag. JC sagte, ich solle an Land schwimmen und das Beiboot zurückbringen. Ich wußte, daß Haie im Wasser waren, und weigerte mich – also warf er mich hinein. Ich schwamm, so schnell ich konnte, völlig verängstigt an Land und ging zu Mr. Kempton, um ihn um das Beiboot zu bitten. »Wie bist du hergekommen?« erkundigte er sich erstaunt, als er meinen feuchten Badeanzug sah.

»Ich bin geschwommen.«

»Wer hat dir das befohlen?«

»John Carberry.«

Mr. Kempton war ein anständiger Mann, der selbst Töchter hatte. Er stieg mit mir in das Beiboot und ruderte hinüber zur *Nguva*. Als wir dort ankamen, schlenderte JC herbei und begrüßte ihn mit seinem irritierenden pseudoamerikanischen Akzent. Ich werde nie seinen erstaunten Gesichtsausdruck vergessen, als Kempton ihn ins Gesicht schlug und ihm Vorwürfe machte, weil er seine Tochter gezwungen hatte, unter solchen Bedingungen zu schwimmen. Wie immer, wenn er sich der direkten Gewalttätigkeit eines anderen Mannes gegenübersah, kniff JC und zeigte, daß er wie die meisten brutalen Kerle ein Feigling war. Trotz seiner vielen Beteuerungen über sportliche Heldentaten war er kein sehr maskuliner Mann.

Tief im Herzen war JC eine Landratte und extrem darauf bedacht, daß die *Nguva* stets makellos aussah. Eines Tages waren er, June, Maxwell Trench und ich hochseeangeln gewesen und hatten einen Barrakuda gefangen. Das sind faszinierende Wesen mit spitzen Gesichtern und vielen Zähnen, einschließlich drei in der Größe des Augenzahnes eines Schäferhundes. Als wir ihn an Bord zogen, wurde Waiganjo herbeigerufen, damit er dem Fisch mit dem Hammer auf den Kopf schlug. Diese großen Zähne faszinierten mich. Ich hatte keine Ahnung, daß die Nerven eines toten Tieres weiterhin zucken können, und so ging ich hin und betastete den Zahn. Plötzlich schnappten die Kiefer zu, und die Zähne bohrten sich durch zwei Fingerspitzen hindurch. Es tat höllisch weh, und ich war entsetzt. Schreiend rannte ich durch den Salon zu Waiganjo, der immer sehr nett zu mir war und die Wunde versorgte. Als ich wieder zu den anderen ging, schimpfte man mich aus, weil mein Blut auf den Teppich im Salon getropft war.

Unbeabsichtigt verursachte ich auch ein weiteres Durcheinander. Auf dem Grundstück des Tudor House Hotels standen Jasminbäume, auf denen ich immer herumkletterte, während die Erwachsenen faulenzten, tranken oder ein Schläfchen hielten. Geckos legten gerne ihre Eier in Löcher des Baumes, und ich sammelte sie in einer Streichholzschachtel ein. Auf der *Nguva* legte ich die Schachtel in eine Ecke und vergaß sie, bis eines Morgens das ganze Boot vor Babygeckos

nur so wimmelte. Niemand wußte, wie sie dorthin ge-
langt waren.

JCs Freude am Luxus der *Nguva* sollte nicht lange an-
halten. Als der Krieg ausbrach, wurde sie von der Britischen Marine zum Küstenschutz requiriert. Danach
brachte man sie nach Ceylon. Ich glaube nicht, daß JC
sie je zurückbekommen hat – eine feine Ironie für einen Mann, der Großbritannien verachtete und hoffte,
Hitler würde den Krieg gewinnen.

Wie ich dem Ende der Schulzeit
ein Ende bereitete

Ich hatte mich in der Schule der Ryries in Nyeri »nicht eingefügt«, und es dauerte nicht lange, bis man mir nahelegte, die Schule zu verlassen. Nach den Schwierigkeiten mit Hüten und Schuhen entschied man, es sei vielleicht einfacher, mich zu Hause zu unterrichten.

Ich war neun, als Lisette in mein Leben trat. Lisalotte Mack war die Tochter eines Kavallerieoffiziers der Preußischen Armee. Sie war außerordentlich streng, ganz besonders, was Tischmanieren anging. Wir nahmen unsere Mahlzeiten immer noch getrennt von JC und June auf der Sonnenveranda ein. Wenn ich achtlos die Ellbogen auf den Tisch legte, schlich sich Lisette hinter mich, hob meine Ellbogen hoch und knallte sie fest auf die Tischplatte. Der Musikknochen ist besonders empfindlich, und es tat höllisch weh. Aber Lisette war hundertprozentig gerecht, und sie liebte mich. Sie verliebte sich in einen einheimischen Farmer und wollte unser Haus gerne verlassen, um ihn zu heiraten, doch JC wollte sie nicht aus ihrem Vertrag entlassen. »Wenn Sie heiraten wollen, nehmen Sie das Balg mit«, sagte er. Und das tat sie tatsächlich. Lisette heiratete Selby Mumford, der eine Kaffeefarm in Muringatu bei

Nyeri besaß. Ihr Haus war ein typisches altes Siedlerhaus aus Hartholz, auf Stelzen errichtet gegen die Invasion von Insekten und anderen ungebetenen Gästen. Diese Bauweise schützte zwar das Innere des Hauses, aber der Raum darunter, kühl, trocken und geschützt, wurde zum staubigen Heimathafen für Katzen und Hunde und zum Kreißsaal, in dem alle unerwünschten Welpen und Kätzchen geboren wurden.

Lisette begann ihr Leben als verheiratete Frau auf Selbys Land mit mir, und dabei opferte sie vielleicht mehr Privatsphäre, als ihr klar war. Eines Tages waren wir unten an der Küste in Diani, wo die beiden ein Haus direkt am Strand hatten. Weil es dort so heiß und feucht war, waren die Schlafzimmertüren wie Stalltüren gebaut, über die man hinweggucken konnte. Fasziniert von den sonderbaren Geräuschen, die eines Nachmittags aus Lisettes Schlafzimmer drangen, blickte ich über die Tür und beobachtete fasziniert zwei Menschen beim Akt der Kopulation.

Lisette war eine gute Reiterin, und sie versuchte es mir beizubringen. Die preußische Vorliebe für Disziplin und Gehorsam hatte sie von ihrem Vater, dem Offizier, geerbt. Auf Lelly hatte ich Angst, schneller als Trab zu reiten, und Lisette erwartete, daß ich einen kurzen Galopp wagte. Statt Lelly anzutreiben, hielt ich mich an ihr fest. »Lelly will nicht galoppieren«, beharrte ich.

Dann blaffte Lisette mich an: »Tu, was ich gesagt habe!« Dabei schlug sie mich und Lelly gleichzeitig.

Daraufhin fiel Lelly in einen wilden Galopp, der damit endete, daß sie wild bockte und ausschlug. Wenn sie mich auf diese Weise nicht herunterbekam, legte sie sich hin und rollte sich hin und her, und wenn ich dann auf dem Boden lag, wirbelte sie herum und schlug mit beiden Läufen nach mir aus. In Afrika gibt es für den Fall, daß man vom Pferd fällt und vielleicht allein im Busch ist, eine Regel: Immer an den Zügeln festhalten. Dann wird man zwar mitgeschleift, aber zumindest kommt man irgendwie wieder nach Hause. Alte Gewohnheiten wird man nur schwer wieder los. Als ich in Kingston auf Jamaika später einmal Wasserski lief, erwies sich diese lebenswichtige Lektion als weniger hilfreich. Zum Entsetzen meiner Freunde ließ ich nicht los, als ich ins Wasser fiel, sondern hielt mich weiter fest und wurde durch das Wasser gezogen. Dabei wäre ich nicht nur fast ertrunken, sondern gab in diesen berüchtigten, haiverseuchten Gewässern eine leichte planschende und keuchende Beute für Haie ab.

Solange Lisette auf der Gehaltsliste stand, nahmen JC und June sich die Freiheit, alles, was meine Betreuung anbelangte, ihr zu überlassen. Sie war vielleicht streng, aber sie glaubte auch daran, daß man Kinder rechtschaffen behandeln sollte, und setzte sich ihren Arbeitgebern gegenüber dafür ein. Einmal war ich zu einer Weihnachtsparty im Nyeri Club eingeladen. Lisette machte mich fertig, und June und JC sollten von da, wo sie gerade waren, nach Hause kommen und mich hinbringen. Aber sie kamen nicht. Lisette lieh sich ein

Auto und fuhr mich selbst hin. Als sie June und JC in Nyeri traf, ging sie auf die beiden los und schrie Zeter und Mordio: »Man macht einem Kind keine Versprechungen und bricht sie dann einfach.« Ich fand es sehr tapfer von ihr, sich so für mich einzusetzen, und es war ein gutes Gefühl, die beiden in der Öffentlichkeit zusammengestaucht zu sehen.

JC konnte Lisette nicht ewig behalten, und außerdem war ich mit elf Jahren inzwischen in dem Alter, in dem alle Kinder in der Kolonie ins Internat verfrachtet wurden. Die meisten Kinder gingen im Verlauf ihrer Ausbildung auf zwei oder drei Schulen. Als ich die Schule verließ, hatte ich sieben hinter mir. Das Ergebnis dieser Mannigfaltigkeit ist, daß mein Wissen, sagen wir mal, unausgewogen ist. Ich weiß nichts von englischer Geschichte, mein Verständnis für Physik und Mathematik ist oberflächlich, aber ich spreche fließend Französisch und Deutsch.

JC war die Frage meiner Ausbildung ohne Sinn und Verstand angegangen. Er fand die Verantwortung, die Eltern zu tragen hatten, ganz offenbar lästig. Es wäre so viel einfacher gewesen, zu tun, was die meisten Eltern in der Kolonie mit ihren Kindern machten, nämlich eine Einrichtung zu suchen, die ihren Zweck erfüllte, und mich einfach dort zu lassen. Statt dessen ging ich zwischen elf und fünfzehn Jahren auf vier verschiedene Internate, eins in England, eins in Südafrika und zwei in der Schweiz.

Was die verschiedenen Schulleitungen in Person dieser würdevollen, gottesfürchtigen Direktorinnen aus John Carberrys bizarren Anweisungen machten, kann man sich nur denken. Er legte Wert darauf, jeder neuen Schule zu schreiben und festzulegen, daß ich erstens jeden Tag badete, was in den Internaten jener Zeit ganz unerhört war, und zweitens von jeglichem Religionsunterricht befreit wurde. Mit elf schickte er mich auf ein Pensionat, wo das nächstjüngste Kind siebzehn war. Auf die Bitte einer Schule, mir neue Schuhe kaufen zu dürfen, weil die alten abgetragen waren (ich hatte dort schließlich ohne Unterbrechung ein ganzes Jahr verbracht), antwortete er, Mädchen mit großen Füßen seien unattraktiv und ich solle die alten Schuhe weitertragen.

Die erste Kostprobe von dem einschränkenden System eines Internats bekam ich auf der 6000 Meilen langen Reise an einen Ort namens Surrey in England. Aber dafür fand ich dort wahrhaft afrikanische Gesellschaft, denn zwei weitere Mädchen aus Kenia sollten dieselbe Einrichtung besuchen.

Bevor die Schule anfing, sollten wir in England Ferien am Meer machen. Meine Gefährtinnen waren die Schwestern Stoyle, Molly und Betty, alle ein wenig älter als ich, und ihre jüngere Schwester Peggy, die meine beste Freundin wurde. Ihr Vater arbeitete bei der Eisenbahn in Nairobi, und seine Frau hatte in Worthing in Sussex ein Haus am Meer gemietet. June und JC gesellten sich zu ihnen, doch JC verschwand immer mal wieder nach London. Das war 1936, und Beryl Markham, die Luftfahrtpionierin, die ebenfalls in Kenia

lebte, bereitete gerade ihren bahnbrechenden Allein-
flug über den Atlantik vor. JC hatte angeboten, ihr sein
allermodernstes Flugzeug zu leihen, das er für die
Reise bauen ließ, und hatte daher sehr viel mit ihrem
Abflug zu tun, der durch schlechtes Wetter immer wieder verzögert wurde. Er lieh ihr das Flugzeug, eine
Vega Gull mit dem Namen The Messenger und einer
Reichweite von 3800 Meilen, unter der Bedingung, daß
Beryl sie bis Ende September zurückgab, da er an dem
bahnbrechenden Rennen von Portsmouth nach Johannesburg teilnehmen wollte. Im Verlauf der Reise
mußte Beryl in Neuschottland notlanden, wobei sie die
Maschine beschädigte, so daß er sie nicht rechtzeitig
zurückbekam.

Ebenso wie June Carberry tranken die Stoyles gerne
und viel. In dem Haus in Worthing waren sie die meiste
Zeit betrunken. Es war ihnen völlig gleichgültig, was wir
machten, solange wir sie in Ruhe ließen. Wir nutzten
unsere Freiheit aus, um gewiefte jugendliche Delin-
quenten zu werden, die Fenster einwarfen, Geld stahlen
und in Geschäften Schokolade klauten. Pferde waren
unsere Leidenschaft, und wir freundeten uns bald mit
ein paar Jungen an, die am Meer ein paar Ponys stehen
hatten. Die Jungen, richtige alte Straßenflegel, hatten
viel Spaß daran, diese sanft erzogenen kleinen Mädchen
in Schwierigkeiten zu bringen. Sie kauften Fish and
Chips, warfen die Pommes frites an den Strand und ließen uns darum kämpfen. Wie üblich bestand JC darauf,
daß ich mich wie ein Junge kleidete. Betty und Peggy

trugen Kleider, während ich Khakishorts anhatte, doch für die Arbeit mit den Ponys war mein jungenhafter Stil viel praktischer. Wir gingen jeden Tag zu den Ställen mit den Ponys, machten sie zurecht und brachten sie zum Strand hinunter, und am Ende des Arbeitstages machten wir alles umgekehrt. Das Problem war, daß die Ställe ziemlich weit von unserem Haus entfernt lagen, und zumindest ich riskierte eine Tracht Prügel, wenn ich zu spät zum Essen kam. Damals waren gerade Rollschuhe in Mode gekommen, und wir beschlossen, ein Paar aus einem örtlichen Laden zu klauen. Wir entschieden, es sei weniger riskant, immer nur einen mitzunehmen, und so wechselten wir uns ab. An einem Tag spielte ich den Köder, indem ich den Ladenbesitzer mit einer unschuldigen Frage von der Beute weglockte, während Peggy einen Rollschuh klaute, ein paar Tage später spielte Peggy den Köder, während ich den anderen Schuh mitnahm. Wir schnallten uns je einen Rollschuh unter und benutzten ihn wie einen Roller, um rechtzeitig zum Abendessen nach Hause zu sausen. Wenn wir von den Ställen kamen, sahen wir immer verdreckt aus und wurden von JC jedesmal angeblafft.

Wenn er mit mir zusammen war, dauerte es niemals lange, bis er einen Vorwand fand, mich zu schlagen, ganz gleich, wie banal er auch war. So zum Beispiel die Toilette des Hauses in Worthing: Der Wassertank hing oben an der Wand und wurde mit einer Kette bedient, deren Griff Spuren an der Wand hinterließ, wenn sie hin und her schwang. Diese Spuren waren das Markenzeichen dieser Art von Wassersystem und hatten sich über die Jahre dort eingegraben. Dennoch bekam ich die Schuld dafür. Ich hörte zufällig, wie JC zu June sagte: »Ich gehe, und du verpaßt ihr eine schöne Tracht Prügel.« Ich beteuerte heftig meine Unschuld, und bei dieser Gelegenheit wurde ich verschont. Dorothy Stoyle, die ihre Kinder niemals prügelte, eilte mir zu Hilfe und stellte klar, daß es ihr Haus war und sie nicht zulassen würde, daß man mich schlug, solange sie etwas zu sagen hatte. In jenen Ferien hatte ich eine Menge Spaß, aber schon viel zu bald wurde es Zeit, das Leben an einem englischen Internat kennenzulernen.

Greenacres School in Banstead, Surrey, war eine typisch englische Schule mit vielen Vorschriften – offensichtlich wurde alles, was Spaß machte, verboten. Am schlimmsten fand ich die Sonntage, an denen es nicht erlaubt war, zu spielen oder auch nur das Grammophon anzustellen. Man durfte nichts tun als die Bibel lesen. Für uns freiheitsliebende kenianische Kinder, die wir es gewohnt waren, wild im Freien herumzutoben, waren diese Einschränkungen einfach zuviel. Peggy und ich lebten für das Pferdespiel, und sonntags – die beste Zeit zum Spielen, da kein Unterricht stattfand – war es uns verboten. So beschlossen wir, den Angestellten und Lehrern unsere Mitarbeit zu verweigern. Wenn sie uns etwas fragten, antworteten wir nur auf suaheli. Die Direktorin wurde fuchsteufelswild. Sie entschied, uns so lange hungern zu lassen, bis wir gehorchten, und sagte, wir würden nur etwas zu essen kriegen, wenn wir auf englisch darum baten. Peggy brach zusammen, aber ich blieb standhaft. Ich habe mich ohnehin nie besonders fürs Essen interessiert, und außerdem stahl ich etwas aus der Küche. Am Ende des Schuljahres forderte man uns auf, nicht mehr wiederzukommen.

Da das Experiment mit der Ausbildung in einem englischen Internat gescheitert war, versuchte JC es als nächstes in der Schweiz. Viele Mädchen meiner Klasse wurden damals für den Rest ihrer Ausbildung fortgeschickt – aber normalerweise hatten sie zuvor ihre höhere Schulbildung hinter sich gebracht. Ich war elf, als man mich auf das Pensionat schickte, in dem der gesamte Unterricht in Französisch abgehalten wurde. Welcher Teufel JC geritten hatte, ein vorpubertäres Kind auf eine solche Schule zu schicken, weiß ich nicht. Vielleicht reizte ihn die Vorstellung, daß ich dort fließend Französisch lernte. Und warum hat die Schule mich akzeptiert? Die Einrichtung lag in Lausanne und hieß Les Allières. Die meisten Mädchen waren Engländerinnen, ein paar wenige Amerikanerinnen und Französinnen. Zu Anfang des Schuljahres begleitete June mich dorthin. Ich weiß noch, wie ich der großen, dikken Direktorin vorgestellt wurde. Sie streichelte mein Gesicht, und zu ihrer Bestürzung versuchte ich sie zu beißen. Genau das tun Pferde, wenn man gegen ihren Willen ihr Gesicht streichelt. Ich war das nicht gewohnt, und in diesem Alter richtete ich mein Verhalten nach dem der Pferde aus, weil ich von Menschen nur wenig soziales Verhaltenstraining erhielt.

Als erstes lehrte man mich in Les Allières, in der runden Schrift zu schreiben, die die Franzosen so lieben. Es war anstrengend und entmutigend, noch einmal schreiben zu lernen sowie Mathematik und Geschichte verstehen zu müssen. Ich hatte großes Heimweh und litt schrecklich unter der Kälte. Meine Zimmergenossin war eine sechzehnjährige Französin. Sie war von einem viel älteren Mann vergewaltigt worden und machte mir mit den schrecklichen Geschichten immer angst. Sie sagte, sein Penis sei so dick gewesen wie ein Unterarm und es habe weh getan. Der einzige, den ich bis dahin gesehen hatte, hatte meinem Esel gehört, und der Gedanke, daß Sex weh tun könnte, machte mir Sorgen. In einem Umfeld, in dem alle anderen so erwachsen waren, hatte ich schwer zu kämpfen. Ich schämte mich entsetzlich, weil ich nicht so alt war wie die anderen, und schmierte mir rote Farbe in die Unterhose, als hätte ich auch meine Periode.

Im Winter zog die Schule zum Wintersport in ein Chalet in Gstaad um. Ich haßte Skifahren. Damals gab es noch keine Skilifte, und so mußte man jedesmal selbst wieder hinaufklettern. Da ich so viel jünger war als die anderen, wurde ich immer schrecklich müde, und ich fror. Ich haßte auch Sauerkraut, das uns, wie mir schien, jeden Tag zum Mittagessen serviert wurde. Damals mußten Kinder ihre Teller immer leer essen. Ich schaufelte mein Sauerkraut in meine Serviette und spülte es im Klo hinunter. Nach meinem sonnigen, goldenen Afrika kam mir die Schweiz wie ein öder, wei-

ßer, enger Ort vor, und ich haßte sie. Um mich aufzu-
heitern, besorgte man mir eine Reitgelegenheit. Das
Pferd hieß Lucifer.

Doch eines war in Les Allières in Ordnung. Akade-
misch erbrachte ich in meiner neuen Schule keine
glänzenden Leistungen. Die Angestellten waren jedoch
aufmerksam genug, um hinter die offensichtlichen Be-
nachteiligungen zu sehen, die dadurch verursacht wurden, daß ich vier Jahre jünger war als alle anderen und
Schwierigkeiten hatte, dem Unterricht in einer Sprache
zu folgen, die mir nicht vertraut war. Sie fanden heraus,
daß ich die Tafel nicht erkennen konnte, und schickten
mich zu einem Sehtest. Dieser ergab, daß ich kurzsich-
tig war. Daß jemand die Welt durch eine rosa Brille betrachtet, mag ein Klischee sein, aber als ich meine erste
Brille bekam, sah ich die Welt tatsächlich rosiger.
Meine akademischen Leistungen und mein persönli-
ches Glücksgefühl steigerten sich enorm. Leider sollte
das nur von kurzer Dauer sein.

Am Ende meines Schuljahres in Les Allières reiste
ich nach England. Ich genoß immer noch diese neue,
klare Welt und gab stolz mit meiner Brille an.

June holte mich vom Zug ab. Sobald sie meine Brille
sah, kreischte sie los: »Was zum Teufel hast du da im
Gesicht? Nimm das ab.«

»Aber ich kann sehen ...«

»Wenn du so aussiehst, gehe ich nicht mit dir los!«
Und dann nahm June mir die Brille weg.

Es war schrecklich, wieder im Dunkeln zu tappen.

Nach dem Jahr in Lausanne sprach ich richtig gut Französisch, meine Schrift hatte sich verbessert, und ich hatte Freundinnen gefunden. Eines Tages waren wir bei Junes Mutter, und ich erzählte, wie sehr ich mich darauf freute, ein bestimmtes Mädchen wieder-zusehen.

Ich war sprachlos, als June erwiderte: »Du gehst nicht nach Lausanne zurück. Du gehst auf eine neue Schule.«

Das Institut Elfenau in Bern war ein weiteres Schweizer Pensionat, es hatte gewisse Ähnlichkeiten mit Les Allières. Es gab keine Uniform, die meisten Mädchen waren Engländerinnen, und im Winter zog die Schule in ein Chalet, um intensiv Wintersport zu betreiben. Aber es gab auch beträchtliche Unter-schiede. Diesmal fand der Unterricht auf deutsch statt, eine Sprache, die mir völlig unbekannt war. Nachdem ich ein Jahr lang mühselig die runde Schrift gelernt hatte, ein Pfeiler der französischen Ausbildung, mußte ich jetzt Stunden damit verbringen, Buchstaben auf be-sonderes, doppelliniges Papier zu malen, um die cha-rakteristische spitze deutsche Schrift zu erlernen. Der Zwang, so zu schreiben, hat bleibende Narben hinter-lassen. Bis heute vermische ich die beiden Stilarten, ganz besonders bei Großbuchstaben. Einmal schreibe ich das große »M« auf französische Art, zwei Sätze spä-ter auf deutsche. Diese vielen Veränderungen behin-derten mich schrecklich. Und natürlich war ich immer noch mehrere Jahre jünger als die anderen Kinder in der Schule. Um diesen Umstand auszugleichen, gestattete man mir, in den Tiergarten zu gehen. In diesem offenen Tierpark in der Stadt gab es Ponys – Max, Micheli und Souci –, auf denen ich dann immer ritt.

Im Winter zog die ganze Schule, ebenso wie Les Allières, zum Skifahren auf den Berg, und Herman, der Sohn der Direktorin, wurde unser Skilehrer. Unser »Chalet Alpina« ging auf das Dorf Grindelwald hinaus und hatte eine wundervolle Aussicht auf den Eiger, der aus diesem Blickwinkel das zerklüftete Profil eines menschlichen Gesichts hatte. Ich haßte Skifahren immer noch, weil ich es mit kalten Händen und müden Beinen verband, aber vom Chalet Alpina aus sah man auch eine Eisbahn, die mehr Vergnügen versprach. Schlittschuhlaufen machte mir viel Spaß. Da ich in Sussex in kurzer Zeit das Rollschuhlaufen gelernt hatte, sauste ich schon bald, sehr zum Ärger der Fußgänger, über die gefrorenen Straßen von Grindelwald. Ich versuchte es auch mit Eiskunstlaufen und war überzeugt, ich würde die neue Sonia Henie werden, die glamouröse norwegische Eislaufmeisterin, die in den dreißiger Jahren allgemein bekannt war.

Obwohl JC das Institut Elfenau niemals besuchte, sorgte er dafür, daß seine Gegenwart überall zu spüren war. Er schrieb an die Schule, ich solle in den Ferien nicht nach Hause kommen, sondern in der Schule bleiben. Das hieß, daß einige der Angestellten auf ihren Urlaub verzichten mußten, um auf mich aufzupassen.

Verführung auf dem Meer

Mit dreizehn war ich, trotz der zwei Jahre im Mädchenpensionat, immer noch ein richtiges Kind. Nachdem ich die älteren Mädchen viele Jahre lang darum beneidet hatte, bekam ich endlich meine Periode, aber mein Körper war weiterhin sehr dünn und mädchenhaft. Auch meine Gedanken drehten sich eher um Ponys und Hunde als um Jungs und Liebesgeschichten. Das gefiel June überhaupt nicht; sie fand, es sei Zeit für mich, erwachsen zu werden.

Sie holte mich vom Institut Elfenau in Bern ab, und gemeinsam reisten wir durch Frankreich nach Antibes, wo wir den Sommer in dem exklusiven Hotel du Cap verbringen sollten. Verwirrt über meinen Mangel an Kultiviertheit, begann June schon im Zug mit ihrem Unterricht in Körperpflege. Zum Mittagessen verlangte ich nach meinem Lieblingsgetränk – Milch. Heute weiß ich, daß man in südeuropäischen Ländern keine Milch bekommt, aber damals dachte ich, alle Menschen würden Milch trinken. Als es keine gab, bat ich um Wasser. June wollte davon nichts hören und sagte, in Frankreich trinke niemand Wasser, denn davon bekäme man einen Kropf. Alle dort, Kinder eingeschlossen, tränken Wein, auch Juanita würde Wein bekommen. Sie erstickte meinen Protest und bestand darauf, daß ich ein Glas Rotwein trank, der mir unglaublich sauer vorkam und ekelhaft schmeckte. Das triumphierende Lächeln verschwand von Junes Gesicht, als der Wein abrupt zurückkehrte – ein scharlachroter Kontinent auf dem Ozean aus weißem Damast. Sie zerrte mich aus dem Speisewagen, und ihre wüsten Verwünschungen ließen meine Ohren klingen.

Das Hotel du Cap mit seinem wundervollen Swimmingpool, eingerahmt von Sonnenliegen und riesigen Pinienwäldern, die nach Einbruch der Dunkelheit ihren köstlich würzigen Duft verströmten, war ziemlich schick. Es zog Gäste aus dem Film- und Showbusineß an. June war in ihrem Element, arbeitete am Pool an ihrer Sonnenbräune, kaufte Kleider, nippte an bunten Cocktails in riesigen Gläsern und becircte die Männer. Einmal hatte sie den Countrysänger Burl Ives im Schlepptau. Mit dem Gedanken, Ives könnte sie für alt genug halten, eine dreizehnjährige Tochter zu haben, wurde sie nicht fertig, und so stellte sie mich als ihre kleine Schwester vor.

Während sie sich mit ihm abgab, erwartete sie von mir, daß ich ihr nicht im Weg stand und mich selbst beschäftigte. Wie üblich war ich schon Stunden vor ihr wach. Ich liebe den Swimmingpool, wo ich mich, dank dem von JC bezahlten Unterricht, in meinem Element fühlte. Anders die Tochter der Schauspielerin Marlene Dietrich, die in jenem Sommer ebenfalls dort zu Gast war. Das arme Mädchen kämpfte ganz im Gegensatz zu ihrer gertenschlanken Mama gegen ihren Babyspeck und stand schon im Morgengrauen auf, um Schwimmunterricht zu nehmen. Sie glaubte, um diese Zeit würde sie dort niemand sehen.

Tiere hatten auf mich weiterhin mehr Anziehungskraft als Menschen, und in dem Hotel gab es einen Miniesel, den man aus Marokko importiert hatte. Er hatte dieselben Farben wie ein Dobermann – ganz schwarz mit braunen Flecken. Zum Reiten war er zu klein, und so nahm ich ihn mit zum Spazierengehen durch die Pinienwälder des Hotels. Eines Nachmittags machte ich mich wie Rotkäppchen auf den Weg, als mir unbemerkt ein Wolf auflauerte. Er war ein großer, kräftiger Bursche, den ich flüchtig kannte, denn er war der Angestellte, der die Sonnenliegen neben den Pool stellte. Er kam zu mir und schlug mir vor, daß wir uns ein Weilchen hinsetzten. Vertrauensvoll gehorchte ich. Sekunden später drückte er mich auf den Boden und kletterte auf mich. Mit einer Hand hielt er meine Arme fest, mit der anderen zog er mir die Hose herunter. Ich hatte schreckliche Angst, kämpfte wie eine Wildkatze und bettelte, er solle es nicht tun. Ich drohte, alles meiner Stiefmutter zu erzählen. Er lachte. »Das wagst du nicht.« Schließlich hielten meine Schreie ihn von seinem Vorhaben ab, und er ließ mich los. Natürlich hatte er recht. Wem hätte ich es erzählen können? Auf jeden Fall ging ich nicht mehr mit dem Esel in den Wald.

Den Rest des Sommers verbrachte ich mit Schwimmen und Spazierengehen und versuchte, nicht daran zu denken, was im September geschehen würde. Ich sollte schon wieder auf ein anderes Internat kommen, diesmal in Südafrika. Der einzige Trost war, daß diese neue Schule mit einer Seereise verbunden war, denn ich liebte Schiffe. Wie üblich war es die Deutsche Ostafrika-Linie, deren Anziehungskraft in JCs Augen zweifellos durch ihre Nationalität erhöht wurde. Instinktiv stellte er sich immer auf die Seite des Landes, das Großbritannien am feindlichsten gesonnen war. Und je mehr sich die Situation in Europa in den dreißiger Jahren verschlechterte, um so heftiger wurde seine Unterstützung für Deutschland. Die meisten unserer Reisen gingen von Kenia nach Europa. Diesmal aber führte sie uns durch die Straße von Gibraltar und um das Horn von Afrika herum hinunter nach Kapstadt. Wir reisten so häufig auf diesen Schiffen, die alle Schwesternschiffe und daher mehr oder weniger identisch waren, daß ich mich dort gut auskannte. Heute, in eher demokratischen Zeiten, gibt es nur erste und Touristenklasse, in den dreißiger Jahren dagegen gab es erste, zweite und dritte Klasse. Die Carberrys, das versteht sich wohl von selbst, reisten stets erster Klasse. Der Vorteil einer Reise in der ersten Klasse war, daß wir uns auf dem ganzen Schiff bewegen durften, während die anderen Passagiere die Räumlichkeiten der ersten nicht betreten durften.

June hatte mit den Männern und Frauen jener Generation von Reisenden vor der Ära des Flugzeugs gemeinsam, daß sie Schiffe als fruchtbaren Grund für lokkere Liebesaffären betrachtete. Die warmen tropischen Nächte, der romantische Mond, der aufs Meer herunterschien, Cocktails im Überfluß sowie die Tatsache, daß es keine Zeugen gab, machten diese Passagierschiffe der zwanziger und dreißiger Jahre zu schwimmenden Liebeshotels. Es versteht sich von selbst, daß man von den Kindern erwartete, sich rar zu machen. Die Schiff-fahrtsgesellschaft trug ihren Teil dazu bei und erleichterte die Bürde der Elternschaft durch die Bereitstellung von separaten Speisesälen für Kinder. Ich war nur zu glücklich, June ihrer Pirsch überlassen zu dürfen.

Im September 1938 schifften wir uns nach Marseille ein. Diese Reise sollte völlig anders verlaufen als die vorigen. Wir waren kaum an Bord, als ganz Europa wegen der Tschechoslowakeikrise in einen Krieg verwickelt wurde. Der Kapitän unseres Schiffes, natürlich ein Deutscher, verließ seinen Kurs und fuhr gen Westen in den Atlantik, um weitere Befehle seiner Regierung abzuwarten. Gerüchte, die besagten, er würde das Schiff nach Brasilien bringen, wenn die Alliierten Deutschland den Krieg erklärten, riefen an Bord Panik hervor. Ich hoffte vermutlich als einzige Passagierin, daß der Krieg erklärt wurde, damit wir tatsächlich nach Brasilien fuhren. Der Gedanke an ein neues Internat war mir zuwider.

Zu meiner großen Enttäuschung wurde die Krise durch Chamberlains Verhandlungen und voreilig beschworenen Frieden abgewendet. Bald nahm das Leben an Bord wieder beinahe normale Züge an. Ich war jetzt alt genug, nicht mehr im Kinderspeisesaal, sondern gemeinsam mit June zu essen. Obwohl es ihr nicht gelungen war, mir auf andere Weise ein Beispiel zu geben, blieb sie in der Frage, ob ich meinen Teller leer aß, so streng wie ein viktorianisches Kindermädchen. Eines Tages entdeckte ich auf der Speisekarte Stachelbeeren mit Sahne. Ich nahm an, daß es sich um die süßen, fruchtigen tropischen Kapstachelbeeren handelte, die man roh ißt und die ich sehr liebte, und bestellte sie begeistert. Als ich das saure, gekochte grüne Zeug, das vor mir stand, probierte, fand ich es ekelhaft. »Das sind keine Stachelbeeren«, beharrte ich angesichts meiner ersten Begegnung mit diesen englischen Früchten.

»Sind es wohl«, erwiderte June mit einer Stimme, die mich an den Zwischenfall mit der Krähe erinnerte. »Du hast sie bestellt, jetzt ißt du sie auch auf.«

Auf dieser Reise hieß Junes Fang Willy. Er war einer der Stewards in der Bar, daher konnte sie ihren beiden Lieblingshobbys gleichzeitig nachgehen, ohne einen weiteren Gedanken an mich zu verschwenden. Willy hatte einen Kollegen namens Gustav, der ebenfalls in der Bar arbeitete. Gustav interessierte sich für mich. Im Gegensatz zu dem Mann im Hotel du Cap, der mich hatte nötigen wollen, war Gustav sanft und freundlich. Als er vorschlug, daß wir in einer der leeren Kabinen verschwinden sollten – er wußte genau, wohin wir gehen konnten, um ungestört zu sein –, willigte ich ein. Es dauerte nicht lange. Es tat ein bißchen weh, und ich wußte aufgrund des Bluts auf dem Laken, daß ich nun keine Jungfrau mehr war. Ich kann jedoch nicht behaupten, daß es eine Vergewaltigung war.

Heute ist es ziemlich empörend, wenn ein Mädchen mit dreizehneinhalb Jahren zum ersten Mal einvernehmlichen Sex hat, damals war es schier unerhört. Warum habe ich mitgemacht? Zu meiner Verteidigung kann ich nur sagen, daß ich mich durch Gustavs Aufmerksamkeit geschmeichelt fühlte – ich war daran gewöhnt, daß Erwachsene mich wegschickten –, und ich war neugierig. Was Sex anbelangte, war ich ein echtes moralisches Vakuum. JC hatte ausdrücklich jegliche Berührung mit religiösen Lehren verboten, die zweifellos darauf herumgeritten wären, daß es eine Tugend sei, rein zu bleiben. Außerdem praktizierte June das Liebemachen wie andere Leute das Händeschütteln. Ich verspürte überhaupt keine Scham, mich vor einem Fremden auszuziehen, denn ich war an Nacktheit gewöhnt. June lief auf Seremai nackt herum, die Trenches waren ähnlich locker. Ihre fünf Badezimmertüren waren niemals verschlossen. Wenn man dort hineinkam, lag oft jemand völlig entspannt in der Wanne. Und die Afrikaner badeten nackt im Fluß. Was den sexuellen Akt an sich anging, wußte ich, was ich zu erwarten hatte, denn ich hatte die Stuten und Hündinnen auf Seremai beim Decken beobachtet. Ich wußte auch, daß man vom Sex Babys bekommen kann. Sobald Gustav verschwunden war, überfiel mich die Panik. Ich traute mich nicht, June davon zu erzählen, denn sie hätte

174

mich geschlagen und Gustav angezeigt. Statt dessen vertraute ich mich einer Französin an, mit der ich mich angefreundet hatte. Ich erzählte ihr, wir seien ineinander verliebt, damit sie nicht so entsetzt war. Sie war eher pragmatisch als streng und überließ mir ihren Irrigator, ein weithin benutztes weibliches Verhütungsmittel, das ich auch in Junes Badezimmer hatte hängen sehen.

Kurz vor Kapstadt traf ich eine Entscheidung, die mein Leben dramatisch verändern sollte. Ich beschloß, sobald ich erwachsen war, auf einem Schiff zu leben. So fand ich mich mehr als ein Jahrzehnt später zusammen mit einer Handvoll anderer Frauen als Freiwillige auf einem Schiff der Handelsmarine wieder, wo ich siebzehn Jahre lang ein wundervolles Leben führte. Wie sehr wünschte ich mir, daß der Krieg ausbrach – als widerwillige, zukünftige Schülerin eines weiteren verhaßten Internats wollte ich das Schiff absolut nicht verlassen.

Der Krieg sollte jedoch erst zwölf Monate später erklärt werden, und so reiste ich schweren Herzens wie geplant mit June im Zug nach Johannesburg. Roedean, meine neue Schule in Parktown, Johannesburg, war eine Schwestereinrichtung der weltberühmten Schule Sussex Roedean, die bei aristokratischen Familien besonders beliebt war. Es kam noch schlimmer, als ich es mir vorgestellt hatte. Ich wurde in eine grauenhafte Uniform aus dunklem, kratzigem Stoff gezwungen, den wir *djibba* nannten, in ein weißes Hemd und eine

furchtbare, einengende Krawatte, die ich niemals richtig binden konnte, gleich wie oft ich es versuchte. Ich,
die ich Schuhe nicht leiden konnte, sah mich nun gezwungen, dicke Wollstrümpfe zu tragen, die von
Strumpfhaltern gehalten wurden. Diese waren an ein
viktorianisch anmutendes Unterkleid genäht, das an
der Schulter begann und bis zu den Hüften reichte.
Englische Freundinnen, die damals zur selben Zeit im
Internat waren, erinnern sich an ähnliche Unterwä-
sche, doch ihre war gepolstert, und sie nannten sie
»Freiheitsmieder«. Der Name illustriert die Neigung
der Engländer zur Ironie besonders deutlich.

Meine akademischen Leistungen waren mal wieder
eine Katastrophe. Zwar befand ich mich jetzt in meiner
Altersgruppe, aber da mir meine Brille vorenthalten
wurde, konnte ich nicht richtig sehen. Einmal mehr
war ich bei allem die letzte. Man beschuldigte mich der
Faulheit, der Dummheit, des mangelnden Interesses ...
Ich konnte besser als alle anderen Französisch, aber ich
konnte es nicht schreiben, weil man mir niemals die
Grammatik beigebracht hatte. Das gleiche galt für
Deutsch. Der einzige Lichtblick war die Freundschaft.
Hermione, die auf jene intensive, perfekte Art meine
Freundin wurde, die nur Mädchen im Alter von dreizehn Jahren verstehen können, war die Enkelin des da-
maligen Earl of Moray. Ihr richtiger Titel lautete Honourable Hermione Stuart, und sie wuchs zu einer in
der Gesellschaft berühmten Schönheit heran, deren Es-
kapaden die Klatschspalten faszinierten. Hermione

ging nicht nach Roedean, sondern nach St. Andrews, ein anderes Mädcheninternat in Johannesburg. Wir fanden durch unsere Pferdeleidenschaft zueinander.

June Carberry hatte einen Freund namens Semmy Curlewis. Er war Siedler in Kenia gewesen und mit einem gewissen Tommy Charles befreundet, der wiederum direkt neben der Schule einen Stall mit Poloponys besaß. Gelegentlich gestattete man mir, sonntags im Inanda Poloclub zuzusehen. Semmy kannte auch die Stuarts, und durch ihn lernte ich Hermione kennen. Wir beide ritten immer Tommy Charles' Ponys. Eigentlich war mir das Betreten der Ställe strikt verboten, aber ich wurde nie erwischt.

Wenn die Ferien kamen, fand man, daß es zu weit für mich sei, nach Kenia zurückzukommen, und ich wurde eingeladen, die Zeit bei Hermione zu verbringen. Die Stuarts besaßen eine prächtige, 50 000 Morgen große Viehranch in Betschuanaland. Sie hieß Saas Post. Die nächstgelegene Stadt war Mahalapye. Betschuanaland war eine trockene Halbwüste, ganz anders als mein gemäßigtes Hochland. Durch ihr Land verlief Kiplings »großer, graugrüner grasgrundiger Limpopo-Fluß, der gesäumt ist von Fieberbäumen« und schaurigen Krokodilen. Es gab tatsächlich Krokodile. Hermione und ich warfen immer mit Steinen nach ihnen. Bei den Stuarts lernte ich das Leben einer normalen, liebevollen, lebhaften Familie kennen. Hermione, die schon mit dreizehn königlich wirkte mit ihren üppigen, langen hellen Haaren und den schlanken, gazellengleichen Gliedern, hatte drei Brüder: die Zwillinge Charles und James, und Douglas, der heutige Earl of Moray. Douglas interessierte sich nicht für Pferde, aber er fuhr ein Fahrrad mit soliden Rädern, wie ich es bis dahin nicht gekannt hatte und auch seitdem nicht wieder gesehen habe. Auf der trockenen Erde wuchs nur Dornengestrüpp, und ich nehme an, ein luftgefüllter Reifen wäre dort schnell in Stücke gerissen worden. Douglas ging auf das Hilton College in Natal, das männliche Gegenstück zu Wykeham, das ich ein oder zwei Jahre später besuchen sollte. Lord Doune, sein Vater, besaß ein eigenes Flugzeug und hatte ebenso wie JC eine eigene Landebahn. Er flog Douglas immer zur Schule und zurück. Douglas sammelte leidenschaftlich Briefmarken und beschäftigte sich nicht viel mit uns, aber die Zwillinge waren kleine Ungeheuer à la William Brown. Die Pferde in Betschuanaland hatten allesamt kurze, steile Mähnen, um nervöses Zucken zu vermeiden, und durch das häufige Trimmen waren sie ziemlich stachelig. Wenn ich nachts schlafen ging, hatte man mein Bettzeug nicht nur so gefaltet, daß ich mich nicht darin ausstrecken konnte, obendrein lag ich auch noch auf einer ganzen Handvoll dieser scheußlichen stacheligen Haare, die sich in den Laken verfingen und unmöglich zu entfernen waren.

Saas Post, benannt nach einem Afrikaner, der dort einen Handelsposten betrieb, bestand aus endlosen Umzäunungen, in denen das Vieh herumlief. Der Leiter war ein großer, kräftiger Afrikaner namens Fred Riggs.

Er hatte ein Pferd, Sweep, das außer ihm niemand reiten konnte. Hermione und ich ritten von kurz nach dem Frühstück bis zum Einbruch der Dunkelheit, obwohl wir im Dunkeln nicht mehr draußen sein sollten. Hermiones Pferd hieß Gingernut, meines war ein ehemaliges Polopony mit Namen Roulette. Wir schwitzten immer schrecklich, und danach badeten wir und die Pferde im Fluß. Wegen der Krokodile durften wir nur schwimmen gehen, wenn Fred Riggs dabei war. Er saß dann mit der Waffe im Anschlag am Ufer, während wir mit den Pferden herumschwammen.

Eines Tages ritten wir, ohne es zu merken, weiter als beabsichtigt hinaus. Wasser war in dieser trockenen Gegend selten, und wir fanden einen Damm oder Teich im Fluß. Er war voll von durstigem Vieh. Das Wasser war alles andere als kristallklar, aber wir starben vor Durst – wir vergaßen immer, etwas zum Trinken mitzunehmen – und glaubten, es sei in Ordnung, daß wir dasselbe Wasser tranken wie die Tiere. Gierig nahmen wir große Schlucke. Erst dann wurde uns klar, wie weit wir von zu Hause entfernt waren und wie spät es schon war. Auf dem Rückweg jagte uns nach Einbruch der Dunkelheit ein Rudel wilder Hunde hinterher. Wir dachten, wir würden von Wölfen gejagt, und die Pferde hatten genausoviel Angst wie wir. Das schlimmste waren die Tore zwischen den Einzäunungen. Man konnte nicht riskieren, mit den Pferden im Dunkeln über einen Zaun aus Stacheldraht zu springen, und die Tore waren ziemlich kompliziert. Als wir nach Hause kamen, kriegten wir ordentlich Ärger, aber wir waren so froh, wieder daheim zu sein, daß wir uns nichts daraus machten.

Nach einem Tagesritt badeten Hermione und ich gemeinsam und tauchten in eine Lösung *Cooper's Dip*. Das war eigentlich ein Mittel gegen Zecken bei Vieh, aber wir fanden, es roch wunderbar. Dennoch schützte es mich nicht gegen die Unwägbarkeiten der Reitausflüge in Betschuanaland. Als ich zur Schule zurückkehrte, bekam ich geschwollene Drüsen und ein übles Fieber. Ich hatte Zeckenfieber und wurde auf der Krankenstation isoliert.

Meine Freundschaft mit Hermione war die glücklichste Beziehung, die ich je erleben durfte. Als ich am Ende unseres gemeinsamen Jahres nach Kenia zurückkehrte und nicht wußte, wann wir uns wiedersehen würden, tauschten wir feierlich unsere Unterhemden in einem »Bruderschafts«-Ritual. Ich hielt das Hemd mit dem rotgedruckten Schriftzug H. Stuart viele Jahre lang in Ehren. Wir blieben auch in für mich bitteren Zeiten brieflich in Kontakt und trafen uns als Erwachsene wieder. Ich wohnte oft bei ihr auf Darnaway Castle, einem der Familiensitze in Forres in Morayshire. Es war ein Leben in großem Stil, so wie es JC in jungen Jahren auf Castle Freke geführt haben mußte – mit Himmelbetten und einschüchternden Dienstmädchen, die meinen Koffer auspackten und in strengem Ton fragten, wo denn das Nachthemd sei. Hermione starb viel zu jung bei einem grausamen Autounfall, den ein rasender Lastwagen verursachte, als sie mit ihrer dreizehnjährigen Tochter unterwegs war. Saas Post wurde in den späten fünfziger Jahren verkauft, als Hermiones Vater Lord Moray wurde. Die Farm wurde in fünf kleinere Farmen aufgeteilt. Fred Riggs und sein Bruder Theo kauften jeweils zwei Teile. Fred ging später »in den Busch« und heiratete eine Schwarze, was man damals nicht gerne sah. Theo nannte seine Farm in einer rührenden Geste der Loyalität gegenüber seinem schottischen Herrn Darnaway.

Ich glaube, wie schon gesagt, an das Schicksal, und meistens empfinde ich es als gerecht. Waren die unschuldigen, sorglosen Ferien auf Saas Post und das Glück, eine wahre Freundin zu finden, mir geschenkt worden, um mich auf das vorzubereiten, was noch vor mir lag? Zumindest hatte sich dieses Jahr, das ich gefürchtet hatte, zu einer einzigen goldenen Erinnerung entwickelt. Ich war traurig, mich von Hermione trennen zu müssen, aber ich freute mich darauf, mein geliebtes Kenia neu zu entdecken.

Wer die Rute spart, verzieht das Kind

Ich kehrte nach Seremai zurück und erfuhr, daß es keine weiteren Schulen mehr für mich geben würde. Statt dessen hatte man, wie in so vielen kolonialen Familien üblich, eine Hauslehrerin für mich engagiert.

Ich haßte June Carberry nicht. Ich haßte nicht einmal JC, obwohl ich mich vor ihm zu Tode ängstigte. Aber ich sollte lernen, Isabel Rutt zu hassen. Die Rutt war meine zweite – und letzte – Hauslehrerin. Lisette Mumford war streng, aber gerecht gewesen und im Grunde freundlich. Die Rutt war bösartig und hinterhältig. Die Afrikaner haßten sie, weil sie mich so schlecht behandelte, und nannten sie mit ihrem typischen Scharfblick *»fitina«*, was »Unruhestifterin« bedeutet. Die Tatsache, daß sich JC absolut nicht um mein Wohlergehen kümmerte, verschaffte ihr einen Freibrief, wenn es um Bestrafungen ging. Und sie ließ sich ungestraft körperlich an mir aus. Mit ihrem Auftauchen wurde mein Leben auf Seremai immer unerträglicher. Sie verstand die Mischung aus Feigheit und Grausamkeit, die Carberrys Wesen ausmachte, und wirkte entzückt als Erfüllungsgehilfin. Sie erzählte Dinge, die mich in Schwierigkeiten brachten, und dann verpaßte sie mir voller Freude die schlimmsten Prügel, die ich je hatte ertragen müssen.

Anscheinend war ich aus Südafrika mit einem süd-afrikanischen Akzent zurückgekehrt. Die Rutt befahl mir, laut vorzulesen, was in Anbetracht meiner Augen-probleme – in späteren Jahren wurde Dyslexie diagno-stiziert – bestenfalls eine Folter für mich war. Wenn ich dann auch noch ein Wort falsch aussprach, schlug mir die Rutt so lange ins Gesicht, bis ich Angst hatte wei-terzulesen. Jahre später, als ich bei meinem Cousin Pe-ter und seiner Frau in Irland war, erinnerte ich mich an die Bösartigkeit meiner Hauslehrerin.

»Wie hieß sie?« fragte Joy, Peters Frau. Durch einen außergewöhnlichen Zufall war die Rutt auch Joys Hauslehrerin gewesen – aber man hatte sie wegen ihrer Boshaftigkeit entlassen.

Die Unterrichtsstunden mit der Rutt fanden in ei-nem sonderbaren Gebäude statt, das wir »das Chalet« nannten. Es lag ein wenig vom Haupthaus entfernt. Man hatte es für einen früheren Leiter der Farm auf Stelzen gebaut. Das untere Stockwerk wurde als Früch-telager verwendet. Das Schulzimmer lag oben, und je-den Morgen nach dem Frühstück gingen die Rutt und ich zum Chalet, wo sie mir Postkarten mit berühmten Gemälden zeigte und mir befahl, Aufsätze über Leo-nardo da Vinci und Botticellis *Die Geburt der Venus* zu schreiben.

Auf mich wirkte die Rutt immer wie ein Scheusal. Auf Männer wirkte sie, wenn auch nicht körperlich at-traktiv, so doch entgegenkommender, und sie mochten sie. Zwar war June die Arbeitgeberin der Rutt und hätte vielleicht ein wenig Distanz erwarten können, aber sie fanden schnell heraus, daß sie beide gerne tranken und unverbindlichen Sex liebten. Dadurch entstand zwischen den beiden eine verschlagene, komplizenhafte Beziehung.

Doch auch die abscheulichste Hauslehrerin ist nicht in der Lage, alles zu vergiften. Es war wundervoll, wieder in Nyeri zu sein, wundervoll, die Boys wiederzusehen und die Haustiere. Es war großartig, die Freiheit unter offenem Himmel zu genießen und zu wissen, daß ich nie wieder ein »Freiheitsmieder« tragen mußte.

Zu meinem großen Kummer gab es jetzt eine gewisse respektvolle Distanz zwischen den afrikanischen *totos* und mir. Bevor ich fortgegangen war, hatten sie mich immer *nyawera*, »Arbeiterin«, genannt, weil ich im Gegensatz zu den meisten Kolonialfrauen ständig beschäftigt war. Ich reinigte das Sattelzeug, striegelte die Pferde oder zog in meinem eigenen kleinen Küchengärtchen Karotten. Jetzt war ich zu meinem Bedauern *memsahib kidogo* oder das kleine Fräulein, um mich von June zu unterscheiden, die für sie *memsahib mkubwa* oder die große Frau war.

Die Afrikaner hatten für alle einen Spitznamen. Neben *fitina* für die Rutt war der vielsagendste Name der, den sie für JC gefunden hatten – *mcharicha*. Es war das Kikuyu-Wort für die lange Peitsche, die man für die Ochsen benutzte, die im allgemeinen auf Seremai als Lasttiere eingesetzt wurden. Sie pflügten zwischen den Kaffeepflanzen und zogen die Wagen voller Feuerholz,

Kaffee oder Wasserfässer. JC schlug mit dieser Peitsche immer auf die Afrikaner ein, die auf der Kaffeefarm arbeiteten. Außerdem war *mcharicha* ein Wortspiel, denn es beschrieb auch JCs große, schlanke Erscheinung. Nellie Trench nannten sie *nyakanuria*, was man als »die unten wackelt« übersetzen könnte. Sie war ziemlich tonnenförmig, und wenn sie wütend wurde und mit dem Finger drohte, bebte ihr ganzer Unterleib. Maxwell war *bwana kabage*, was »Boß mit abstehenden Ohren« bedeutet, und ein anderer Kaffeefarmer, George Maxwell, hieß *bwana kisurya*, »der furzt«. Den Grund kann man sich denken.

Schwimmen war der einzige Wettkampfsport gewesen, bei dem ich mich in Roedean hervorgetan hatte, und ich fand es herrlich, wieder aus reinem Vergnügen zu schwimmen. In Nyeri war das Wasser in den fließenden Gewässern kalt genug für Forellen, und so fuhren wir häufig zu Forellenfang-Partys mit Lisette Mumford, meiner alten Hauslehrerin, ihrem Mann Selby und den Franks, die in Nyeri einen Metzgerladen besaßen. Wenn jemand einen Fang an der Leine hatte, meldete sich »das Balg« stets freiwillig, um ins Wasser zu springen und den Fisch zu holen. Schwimmen in den Dämmen, wie wir die Fischteiche nannten, die wir durch Aufstauen von Wasser errichteten, war streng verboten, da sie mit Bilharziose infiziert waren. Das ist eine ernste tropische Krankheit, die in stehenden Gewässern durch Schnecken übertragen wird. Es gibt zwei Arten: Die eine Krankheit befällt die Leber, die andere die Blase. Dan Trench und ich haben uns nie um dieses Verbot gekümmert und schwammen dort nach Herzenslust herum. Da der Damm voller Tilapia war, deren Rücken mit Stacheln übersät sind, so daß es weh tut, wenn man auf ihnen landet, erwartete Dan, daß ich als erste hineinsprang, um die Fische auseinanderzutreiben. Wenn ich mich weigerte, warf er mich einfach ins Wasser.

Ein weiterer Genuß, den ich nach meiner Rückkehr nach Nyeri neu entdeckte, war der Geschmack von rohem Fleisch, das ich bis heute als Leckerei betrachte. Ich war an der Reihe, die Geparden zu füttern, und zerschnitt gemeinsam mit den Küchen-*totos* draußen vor der Hintertür die Antilopen, die wir für sie geschossen hatten. Sehr zu Junes Verärgerung steckte ich hin und wieder ein Stück Fleisch in den Mund. Natürlich bekam ich dadurch Würmer. Um mir eine Lektion zu erteilen, entwurmte mich June mit denselben Tabletten, die sie den Hunden gab. Diese Tabletten ähnelten schwarzen Oliven. »Du ißt verdammtes Hundefutter«, sagte sie, »dann kannst du auch wie ein verdammter Hund entwurmt werden.« Es funktionierte.

Wie die meisten Siedler damals in Afrika entging ich nicht den tropischen Krankheiten, die auf dem Kontinent vorkamen. Abgesehen von Würmern, die ich mir durch den Genuß von rohem Fleisch zuzog, erwischte mich in Betschuanaland das Zeckenfieber, die Malaria quält mich heute noch von Zeit zu Zeit, und schließlich holte mich auch meine Sorglosigkeit beim Schwimmen in den Dämmen ein. Als ich erwachsen war, litt ich plötzlich unter schrecklichen Migräneanfällen und Doppelsichtigkeit. Nach zahlreichen Tests diagnostizierte man eine Bilharziose. Damals bestand die Behandlung aus Antimon, einem potentiell tödlichen Gift. Die Dosis sollte hoch genug sein, den Parasiten zu töten, aber nicht so hoch, auch den Patienten umzubringen. Es wurde als Injektion verabreicht, und man bekam gleichzeitig eine Schüssel gereicht, in die man sich übergeben konnte, wenn der Körper sich gegen diesen brutalen Schock wehrte. Das Gift tat seine Wirkung, indem es mein Innerstes nach außen kehrte, und brachte gleichzeitig einen viele Zentimeter langen Bandwurm zum Vorschein, der einem besonders ekelhaften Spaghettigericht ähnelte – ein Vermächtnis vom Abendessen mit den Geparden.

Beryl Markham, die Fliegerin, war häufig bei uns zu Besuch auf Seremai. Sie und John Carberry teilten die Besessenheit für das Fliegen, und JC lieh Beryl immer seinen Mechaniker Monsieur Beaudet aus, wenn ihre Maschine gewartet werden mußte. Beryl war sehr groß, hatte blondes, lockiges Haar, und da sie heftig trank und ein verwickeltes Liebesleben hatte, muß sie mühelos in die Szene der Erwachsenen auf Seremai hineingepaßt haben. Zudem war sie nicht nur eine furchtlose Pilotin, sondern auch eine gute Reiterin.

Mein Pony Lelly hatte man inzwischen durch Bokkie ersetzt, ein braunes Somalipony. Er war mit dem Namen Jaribu zu uns gekommen, aber zu Ehren des südafrikanischen Militärpersonals, das wegen des Krieges in der Nachbarschaft zusammengezogen worden war, tauften wir ihn »Springbock«, was schon bald auf die Kurzform »Bokkie« hinauslief. Als ich ihn bekam, war Bokkie ein ungezähmter Zweieinhalbjähriger. Ich ritt ihn selber zu, und obwohl er jung und unverbraucht war, führte er sich nie so schrecklich auf wie Lelly. Ich bezahlte 330 Kenia-Schilling, etwas mehr als 15 Pfund Sterling, für Bokkie. Das Geld hatte ich mir von meinem Taschengeld abgespart und von den Trinkgeldern, die ich immer noch von June bekam, wenn ich ihr die Augenbrauen zupfte, ihre Maniküre machte und bei ihr blieb, bis sie einschlief. Bokkie zu füttern war dann schon eher ein Problem, weil mein Taschengeld nicht ausreichte, und so stahl ich etwas von June und JC. Ausnahmsweise war ich einmal dankbar für die viele Trinkerei auf Seremai. Sie hatte zur Folge, daß niemand so ganz sicher war, wieviel Geld er in der Tasche hatte, wenn er schlafen ging.

Reiten in Afrika war mit viel mehr Freiheit verbunden als für die Kinder heutzutage. Weil wir auf bloßer Erde ritten, brauchten die Pferde nicht einmal Hufeisen. Ich trug niemals Reithosen oder einen festen Hut, sondern ritt in Shorts, auch wenn das Leder der Steigbügel ordentlich zwickte. Und ich ritt barfuß, denn als ich Bokkie kaufte, stöberte ich in der Sattelkammer herum, wo ich einen riesigen Westernsattel fand. Ich weiß nicht, wie er dort hingekommen ist, vielleicht hatte JC ihn von einer seiner vielen Reisen nach Amerika mitgebracht. Der Sattel war viel zu groß für mich, aber die Steigbügel glichen großen, vorne geschlossenen Kisten, in die ich meine Füße stecken konnte. Sie waren ideal, und so konnte ich durch die dornigsten Landschaften reiten, ohne Schuhe tragen zu müssen.

Ich war in bezug auf Bokkie sehr besitzergreifend und gestattete niemandem, ihn zu reiten. Das werden die meisten Menschen, die Pferde lieben, verstehen. Wenn Beryl Markham zu Besuch kam, sorgte June stets dafür, daß ich ihr Bokkie lieh. Das war an sich schon schlimm genug, aber dann gab Beryl auch noch dauernd an und zeigte ein paar Tricks, wie zum Beispiel in vollem Galopp ein Taschentuch vom Boden aufzuheben. Wenn sie wieder fort war, versuchte ich das selbst und fiel dabei immer vom Pferd. Ich haßte sie dafür.

Eine weitere schöne Sache nach so langer Zeit in Europa und Südafrika war es, alte Freunde wie freundliche Ladenbesitzer und leicht exzentrische Einheimische wiederzusehen, die mich kannten, seit ich ein kleines Kind gewesen war. Einer von ihnen war der Chinese.

Für die europäischen Frauen in Afrika war es immer ein großes Problem, modische Kleidung zu finden. Es war die Aufgabe des Chinesen, dieses Bedürfnis zu befriedigen. In regelmäßigen Abständen erschien er – begleitet vom Bellen unserer Hunde – auf Seremai mit einem Fahrrad plus Anhänger, auf dem sich ein schwankender Stapel bunter Stoffe türmte. Er war stets in Begleitung eines Afrikaners, der die Drecksarbeit machte. Der Chinese breitete auf der Veranda seine Waren aus, und June und die Rutt befühlten den Stoff, schätzten ab und feilschten. Sie kauften immer einen Stoff, den der Chinese *Americanee* nannte, ungebleichter Baumwollstoff, vermutlich aus Amerika importiert. Er war spottbillig und sehr breit, und wir benutzten ihn für Kissen- und Matratzenbezüge. Nachdem das feinere Material für Kleider gekauft worden war, brachte man es nach Nyeri, wo ein entgegenkommender und geschickter Schneider der Goa den Stoff nach den vorgegebenen Schnitten verarbeitete.

Die Stadt Nyeri war klein und bescheiden und hatte die leicht verzweifelte Atmosphäre einer alten Grenzstadt im amerikanischen Wilden Westen. Die Hauptstraße wurde vom Sandy Herd Store beherrscht, einem Holzbau, den man über eine kurze Treppe erreichte. Sandy, der einzige europäische Ladenbesitzer in der Stadt, verkaufte einfach alles, vom Küchenherd bis zur Dose Vim. Seine Konkurrenten waren Mohammedalli Rattansi und der bescheidenere Osman Allu, zwei Asiaten. In diesen Einkaufszentren konnte man einen Pflug oder eine Papaya kaufen, einen Sack *posho* (Maismehl) oder eine Babyflasche. Außer der Bank und der Post gab es noch die *Hygienic Butchery*, von Mr. und Mrs. Frank, beides Deutsche. Dort kauften wir unseren köstlichen Frühstücksschinken, und ich half gerne im Laden dabei, Würstchen zu machen und Kutteln zu waschen. Die Franks wurden interniert, als der Krieg ausbrach.

Trotz der bescheidenen Größe konnte die Stadt mit zwei Hotels und einem Club aufwarten – alle drei von June als Wasserloch genutzt – sowie einem Golfplatz. Die Tatsache, daß das Gefängnis von Nyeri mittendrin lag, so daß die Golfer stets von traurigen braunen Augen durch Gitter beobachtet wurden, schien niemanden zu kümmern. Man war schließlich in Afrika.

Das White Rhino Hotel lag in der Stadtmitte und war ehrbar, aber provinziell. Entschieden glamouröser war dagegen das Outspan Hotel. Es hatte einen Frisiersalon, in dem June sich die Haare bleichen und legen ließ. Als ich Kind war, hatte es einen wundervollen Garten mit einem Vogelhaus. Das Hotel wurde 1928 eröffnet, und seine Besitzer waren Sherbrook Walker und seine Frau Lady Bettie. Walker baute auch das Treetops, ein schickes Safari-Gästehaus im Wald von Aberdare, wo Prinzessin Elizabeth abstieg, als sie vom Tod ihres Vaters König Georg VI. erfuhr. Kinder durften die Bars nicht betreten, und so blieb ich mir selbst überlassen, wenn June ihre Freunde traf. Normalerweise suchte ich die Töchter der Familie Williams auf, Honor und Susan, und spielte mit ihnen. Oder ich ging zu den Ställen, wo es nicht nur Pferde gab, sondern auch ein paar Zebras, auf denen die Gäste reiten konnten. Nyeris berühmteste Gäste waren Lord und Lady Baden-Powell, die in einer Hütte mit Namen Paxtu wohnten. Sie hatten sie sich auf dem Grundstück des

Outspan Hotels gebaut. Sie war eine liebe alte Dame und trug immer einen weichen Filzhut. Sie hatte stets ihr Haustier dabei, einen Klippschliefer, den sie im Hemd bei sich trug. Ein Klippschliefer ist ein sonderbares Tier. Es ist zwar klein, weich und irgendwie katzenähnlich, dennoch ist es mit den Elefanten verwandt. Klippschliefer sind nachtaktiv und stoßen in der Dunkelheit markerschütternde Schreie aus. Ich weiß nicht, wie man auf Paxtu damit zurechtkam. Wir liefen Lady Baden-Powell mit ihrem Klippschliefer häufig über den Weg, wenn sie bei Osman Allu Orangen oder Öl zum Kochen kaufte.

Sind die Löwen verschwunden,
tanzen die Hyänen
Sprichwort der Kikuyu

Junes Verhalten mir gegenüber veränderte sich, als ich aus Südafrika zurückkam. Sie konnte immer noch in disziplinarischen Eifer ausbrechen, der unausweichlich damit endete, daß ich ohne Essen oder mit Schlägen in mein Zimmer eingesperrt wurde, aber sie sah auch, daß ich erwachsen wurde. Sie begann, ganz unbewußt vielleicht, mich weniger als »das Balg« anzusehen, für dessen Sicherheit sie verantwortlich war, sondern mehr als potentielle Jagdpartnerin. Die Vorbereitung auf meinen künftigen Status begann mit meinen Haaren. Sie bleichte meine dunklen Locken platinblond wie ihre eigenen und schickte mich zu Theo Schoeten, dem schicksten Friseur in Nairobi, damit er mir eine Dauerwelle legte, die mich fünf Jahre älter machte. Außerdem teilte sie mir einige Zigaretten zu. Jede Woche bekam ich fünfzig Players Cooltip in einer flachen hellblauen Dose. Ich rauchte sie nicht alle, sondern verkaufte einige davon an die Afrikaner, um einen Teil von Bokkies Futterkosten zu decken.

Die Happy-Valley-Clique hatte für ihr unkonventionelles Verhalten niemals einen Vorwand gebraucht. Doch nichts facht das sexuelle Tempo einer Gemeinschaft mehr an als ein Krieg. Wir hatten inzwischen die vierziger Jahre, und der Krieg, den ich mir auf dem deutschen Schiff gewünscht hatte, wurde endlich erklärt – leider zu spät für mich und Brasilien.

Ostafrika mag, was Bomben und Schrapnells angeht, Provinz gewesen sein, Lichtjahre entfernt vom Dröhnen der nächtlichen Blitzangriffe und den Unbilden von Kleider- und Lebensmittelmarken, doch auch das afrikanische Empire mußte geschützt werden. Ein Großteil von Kenias Grenzen stieß an das italienische Somaliland und an Abessinien, und geographisch war die Kolonie das Kernland des britischen Traums »Capeto-Kairo«. John Carberry, der immer damit prahlte, Hitler würde gewinnen, bekam die Auswirkungen des Krieges dort zu spüren, wo es ihn am meisten schmerzte. Die Armee sabotierte nicht nur seine Landebahn, sie requirierte auch seine Flugzeuge und seine Jacht, um sie im Krieg einzusetzen.

JC machte sich nicht die Mühe, sich patriotisch zu geben. Viele Kenianer mieden ihn damals wegen seiner ausdrücklich hitlerfreundlichen Einstellung und seinem Gerede, das an Verrat grenzte. Ich hörte mit, wie Erwachsene sich in der Bar des White Rhino Hotels in Nyeri und im Outspan Hotel heftig stritten, weil JC lautstark verkündet hatte, Hitler sei ein viel besserer Anführer als der alte verkalkte Winston Churchill. Er sei ein Mann, der das Schicksal bestimme und daher siegen würde. Die Leute, die JCs Eden Roc Club in Malindi besuchten, mißbilligten das, und einmal wurde den britischen Truppen das Betreten von Seremai sogar verboten. Es könnte jedoch auch daran gelegen haben, daß June mit ihrem Ruf als Drogenabhängige und schwere Trinkerin als gesellschaftlich unerwünscht galt. Auf jeden Fall wurde die Post, die Seremai erreichte und verließ, während der Kriegsjahre zensiert, weil die Aktivitäten der Carberrys wohl ein wenig Argwohn erregten. Es gab Spekulationen, daß JC Teil einer Nazizelle in Kenia sei, deren Anführer angeblich Lord Erroll war. Es hieß, diese Zelle sei das Rückgrat einer kolonialen Schattenregierung für den Fall, daß Deutschland den Krieg gewann. Ich halte es für äußerst unwahrscheinlich, daß JC jemals Mitglied von etwas so Umstürzlerischem gewesen sein könnte. Die Schikanen der Nazis, die großspurigen faschistischen Schläger, die den amerikanischen Gangstern, die er so bewunderte, sehr ähnelten, waren genau sein Fall. Doch JC war viel zu sehr Individualist, um sich einer hierarchisch aufgebauten Organisation anzuschließen. Er bekam seinen Kick, indem er bei anderen Anstoß erregte.

Während John Carberry Nazismus predigte, ging June Carberry auf Partys. Der Krieg war für sie ein Geschenk des Himmels und gab ihr die Gelegenheit, ihrer Lieblingsbeschäftigung nachzugehen, während sie den Anschein erweckte, ihre patriotische Pflicht zu erfüllen. Die Türen auf Seremai standen sämtlichem Militärpersonal offen, ebenso den britischen Offizieren sowie den Mitgliedern der südafrikanischen Luftwaffe. Mit ihrem geselligen Wesen war June seit ihrer Ankunft in Kenia Teil der Happy-Valley-Clique und eng befreundet mit Hochlandbewohnern wie Jack Soames, Dot und Micky Lyons, Valerie Ward, Pam Straughan und anderen, die gerne Spaß hatten. Als kleines Kind hatte man mich immer in den Kindertrakt abgeschoben und den Leuten nie vorgestellt. Jetzt, nachdem ich die Schule hinter mir hatte, verknüpfte ich allmählich Gesichter mit Namen. Joss Erroll, der ein paar Monate später so dramatisch in mein Leben eindringen sollte, benutzte Seremai als romantisches Versteck, wo er mit Diana Broughton Liebe machen konnte – weit weg von den eifersüchtigen Blicken ihres ältlichen Mannes Jock Delves Broughton. Doch ich habe ihn nie gesehen.

Die Partys verliefen sehr ungezwungen. Die Gäste, unter ihnen Polizeibeamte aus Myeri, Regierungsbeamte und leitende Bankangestellte, kleidete sich salopp und bedienten sich in einem endlosen Strom selbst an der Bar. Whisky, John Collins, Weinbrand und Soda, Gin Tonic und rosafarbener Gin waren an der Tagesordnung, niemand trank Wein. Man tanzte zur Musik aus einem Grammophon, das man noch von Hand aufziehen mußte, und Gäste kamen und gingen.

Eine von Junes besten Freundinnen war Valerie Ward, eine gutaussehende Blondine. Valerie, die Tochter eines Metzgers aus Nairobi, war gesellschaftlich unterwürfig, aber sehr hübsch. Sie kam zu den Partys und blieb immer über Nacht, doch ihr Mann Roddy Ward war selten dabei. Auch sie schrieb etwas in mein Autogrammbuch. Als Lieblingsbeschäftigung nannte sie

Tanzen. Ihr Lieblingsthema war »Ich!!!«, ihr Lieblingsbuch *Peter Rabbit*. Nach der Schule wollte sie »zum
Film gehen«, und am meisten fürchtete sie sich vor
»Frauen«. Sehr rätselhaft. Valerie brachte immer ihre
zwei Pekinesen mit, die in ihrem Zimmer auf Seremai
eingeschlossen wurden. Eines Abends sollte ich die beiden füttern. Ich stellte ihnen die Schüsselchen hin, und
als sie kein Interesse daran zeigten, nahm ich ein Stück
Futter zwischen die Finger, um sie anzulocken. Einer
von beiden kam herbei und biß mich. June, bei der ich
mich beklagte, schenkte mir nur wenig Mitgefühl.
»Geschieht dir recht. Man soll Tiere nicht anfassen,
wenn sie fressen.«

Die exzessive Feierei der Happy-Valley-Clique war
anmutigem Altern nicht gerade zuträglich. Jahre später
sah ich Valerie in Nyali, Mombasa. Sie war immer noch
blond, doch ihre einst so hübschen Gesichtszüge waren
herber und faltig geworden. In einer Hand hielt sie ein
Glas, in der anderen eine Zigarette. Zwischen den einzelnen Zügen nahm sie ziemlich ungehemmt ein paar
Züge aus einem Asthma-Inhalator. Das war eine wahrhafte Dorian-Gray-Erfahrung.

Pam Straughan war eine weitere Blondine, wenn
auch weniger glamourös als Valerie Ward, die regelmäßig zu Junes Partys kam. Sie war die eine Hälfte der
»wilden Pams« (die andere war Pam Gaitskell), die man
in ganz Kenia wegen ihres lebhaften Benehmens
kannte. Es war ihr Markenzeichen, sich gleich zu klei-
den. Dabei trugen sie am liebsten schwarze Hosen und

rote Hemden mit dazu passenden schwarzen Sombreros. Man sah sie oft durch die Straßen von Nairobi fahren, und ihre diversen Freunde hingen an den Seiten ihres Kastenwagens. Kastenwagen waren das koloniale Pendant zum Pick-up-Laster und gehörten eher zu afrikanischen Arbeitern und landwirtschaftlichen Produkten als zu wohlerzogenen weißen Mädchen.

Auch sie waren begeisterte Fliegerinnen. Sidney St. Barbe, ein Stammgast, besaß ein eigenes Flugzeug. Unsere Landebahn lag eine gute Meile vom Haus entfernt, so daß die Passagiere einen Wagen brauchten. St. Barbe rief im Haus an, damit wir wußten, daß er kam und ein Transportmittel brauchte. Er kam später bei einem Flugunfall ums Leben. Norman Turner, einer dieser seltenen Vögel unter den kolonialen Erwachsenen, die Kinder mochten, war ebenfalls Stammgast. Er flog von Nyeri ein, und ich bewunderte ihn. Andere fliegende Freunde, die immer mal vorbeikamen, waren der in Portugal geborene Chico Basto und seine Frau Lola, die eine Farm in Naro Moru besaßen. Wir flogen immer zu ihnen auf die Farm, weil sie ihre eigene Landebahn hatten.

Die Fliegerin Jane Wynne Eaton kam ebenfalls zu Junes Partys. Sie war sehr patriotisch und stellte ihr Flugzeug in den Dienst des Krieges für den Transport von Personal und Fracht in die gesamte Kolonie. Jane hatte einen Sohn, John, der ein wenig jünger war als ich und den ich verabscheute. Ich mußte ihn mit meinem Spielzeug spielen lassen, das er immer kaputtmachte. Eines Nachts sollte ich in sein Zimmer gehen und das Licht ausmachen – er schlief in einem der Gästezimmer –, und da spielte er mit einer Waffe. Es war eine wunderschöne kleine Handwaffe mit einem Inlay aus Silber und Perlmutt, die seiner Mutter gehörte. Damals schliefen alle Leute mit einer Waffe in Reichweite, da man nie wissen konnte, was passierte. Er hob die Waffe und zielte auf mich. Ich schrie ihn an, er solle sie hinlegen, doch er erwiderte: »Schon gut. Sie ist nicht geladen.« Da kam die Rutt herein, die das Geschrei gehört hatte. Auch sie schrie ihn an, die Waffe niederzulegen, und stellte sich wohlweislich hinter mich. Der Junge blieb stur. »Aber sie ist doch nicht geladen.« Um zu beweisen, wie dumm wir waren, drehte er sich um und sah sein Bild im Spiegel an. »Seht her!« rief er und drückte ab. Das Glas zersplitterte in tausend Stücke.

Oft fanden die Partys auch bei anderen Leuten statt. Dot und Micky Lyons waren großartige Gastgeber. Dot war die Schwester der Gebrüder Hamilton Gordon. Einer von ihnen ritt Rennpferde in Nanyuki. Sie hatten ein wunderschönes Haus in Mweiga, außerhalb von Nyeri, wo sie auch Pferde hielten. Wenn ich bei ihnen war, ritt ich immer eine herrliche graue Stute mit Namen Ramona. Ihr Haus wurde später in den exklusiven Aberdare Country Club umgewandelt, von dem aus die Safarilodge *Ark*, ein dem Treetops sehr ähnliches Hotel, geleitet wird.

June ging so locker Liebesaffären ein, daß sie bei so

mancher Party zweifach ausgebucht war. In solchen Fällen fand sie mich immer sehr nützlich. Normalerweise
erwartete sie, daß ich mich rar machte, wenn sie Gesellschaft hatte, doch bei einer Gelegenheit lud sie mich ein,
an der Party auf Seremai teilzunehmen. Ich war begeistert. Für mich war das ein echtes Vergnügen. June
nannte keinen besonderen Grund, warum sie mich da-
beihaben wollte, aber sie war nicht unglücklich darüber,
als Pieter, ein gutaussehender blonder Captain der südafrikanischen Luftwaffe, Interesse an mir zeigte. In seiner khakifarbenen Buschuniform, die Feldmütze frech
über das rechte Auge gezogen, und mit seinem gebräun-
ten Gesicht, das von einem herzerweichenden Grinsen
erhellt wurde, sah er für mich aus wie Apollo. Ich muß
bei diesen Partys, bei denen alles möglich war, ziemlich
fehl am Platze gewirkt haben. Ich nippte immer noch an
meinem Glas Milch, weil ich Alkohol nie so recht
mochte. Die Pseudogepflegtheit meines gebleichten
Haares und der allgegenwärtigen Zigarette straften mein
Kindergesicht Lügen. Diese Leute gehörten jedoch zu
den Truppen, die monatelang auf die Gesellschaft von
Frauen hatten verzichten müssen. Ich bezweifle, daß
mein neuer Verehrer wußte, daß seine neue Verabre-
dung rechtlich gesehen ein Jahr zu jung war, um selbst-
bestimmt eine solche Verbindung einzugehen. Er war
einmal einer von Junes Freunden gewesen, aber jetzt war
sie hinter jemand anderem her und hatte ihm zweifellos
zu verstehen gegeben, daß ich zur Verfügung stand. Pieter war in Nanyuki stationiert, nicht weit von Mweiga

entfernt, wo Dot und Micky Lyons lebten. June war sehr gut mit den Lyons befreundet, und wir besuchten sie oft. Ich schlug Pieter, der wegen seines blonden Aussehens das »goldene Wunder« genannt wurde, vor, daß er vorbeikommen sollte, wenn ich dort war. Wir ritten in den Busch hinaus, und dort, Meilen entfernt von neugierigen Blicken, stiegen wir vom Pferd und machten Liebe.

Die Rutt war angestellt worden, um sich um mich zu kümmern, aber da sie und June gemeinsam auf die Jagd gingen, wurde sie von den Gastgebern weniger als Angestellte denn als gesellschaftlich ebenbürtig betrachtet. Wenn June und die Rutt zu einer Party gingen, mußte ich auch mitkommen. Zu meinem Entsetzen mußten die Rutt und ich dann ein Schlafzimmer teilen. Einmal gab Jack Soames eine Party auf seiner Farm in Nanyuki. In jener Nacht schickte man mich zu Bett, als es immer fröhlicher wurde, aber in den frühen Morgenstunden wachte ich auf und sah, wie meine Hauslehrerin mit einem Mann im Schlepptau ins Bett ging. Dem Grunzen und Rumpeln in ihrem Bett nach zu urteilen, ging sie eindeutig davon aus, daß das Balg fest schlief. Ich erinnere mich kaum noch an Jack Soames, der fest zur Happy-Valley-Clique gehörte. Ich weiß nur noch, daß er eine Farm leitete und Pferde besaß. James Fox beschreibt Soames in seinem Buch *White Mischief* als einen unheimlichen Perversen mit einer Neigung zu Voyeurismus. Angeblich bohrte er Löcher in die Decken der Gästezimmer und spähte hindurch. Ich frage mich, ob Soames in jener Nacht auch die Rutt beobachtete.

Von Zeit zu Zeit fuhren June und ich nach Nairobi. June wohnte dann immer im Muthaiga Club, was für uns hieß, daß wir uns schick anziehen mußten. Das Muthaiga ist berühmt geworden wegen des außergewöhnlichen Dinners zwischen Joss Erroll und Jock Delves Broughton am Abend, bevor Erroll getötet wurde. Damals war es einfach der schickste Club in Nairobi, nur für Europäer zugänglich. Man brüstete sich damit, eine Bar nur für Herren zu haben, eine Cocktailbar, ein Restaurant, eine Tanzfläche und einen eigenen Golfplatz. Für mich war besonders interessant, daß sie auch einen Hundezwinger besaßen. Mitglieder durften ihre Hunde nicht mit in den Club bringen, sondern mußten die Tiere für die Dauer ihres Aufenthalts in den Zwinger geben. Dieser war voll mit Pekinesen à la Valerie Ward und Dackeln à la June Carberry. Normalerweise wohnten June und JC in dem Club. Ich wurde bei meinem Onkel Gerald abgegeben, der ungefähr zwei Meilen entfernt in Parklands wohnte, einem Wohnbezirk von Nairobi, wo die Häuser in großen Gärten lagen. Einmal, ich war ungefähr fünfzehn und gerade blondgelockt, wohnte ich mit June im Muthaiga. Es war früher Nachmittag, und die meisten Erwachsenen hielten einen Verdauungsschlaf, wie man es in den Tropen so macht. Ein älterer Franzose, den ich manchmal mit June zusammen gesehen hatte, näherte sich mir und schlug mir vor, zu den Hunden zu gehen. Wir kamen gerade an den sonderbaren Wachhäuschen vorbei, die links und rechts neben dem Eingang zum

202

Club standen, als er meinen Arm ergriff und mich hin-
einschob. Drinnen war es dunkel, aber nicht so dunkel,
daß ich nicht erkannt hätte, was er machte. Im Hand-
umdrehen hatte er seine Hose geöffnet und drückte
meinen Kopf nach unten. Ich mag sexuell frühreif gewesen sein, aber von Oralsex hatte ich keine Ahnung.
Ich wehrte mich heftig und begann zu würgen. Dann
riß ich mich los und rannte weg. Ich sprach nie darüber.

Was dachten sich die Afrikaner wohl, wenn sie sahen, wie diese Leute, die ihre Herren sein sollten, sich
so benahmen? Einer der Eckpfeiler des Lebensstils der
Happy-Valley-Clique war Exhibitionismus, begleitet
von Alkohol und Drogen. Alle knutschten in der Öffentlichkeit herum. Wenn June oder die Rutt einen
Freund auf Seremai hatten, küßten und befummelten
sie sich gegenseitig, ganz gleich, ob ich oder ein Boy in
der Nähe war. Sie benahmen sich, als wären ich oder
die Afrikaner unsichtbar. Es war dekadent. Mehr als
einmal sah ich June hinten im Auto einem Mann in den
Schritt fassen, während ich vorne bei Gatimu saß, und
wir hörten sie entzückt quietschen: »Oh, er hat aber einen Harten.« Die Auffassung, daß auch Frauen das
Recht auf sexuelles Vergnügen haben, und überhaupt
der Gedanke an romantische Liebe zwischen Männern
und Frauen war der afrikanischen Kultur fremd. Zum
einen waren afrikanische Frauen damals für gewöhnlich beschnitten, damit sie kein Vergnügen am Sex fanden. In ihrer Gesellschaft verkaufte man Töchter und
kaufte Ehefrauen. Man sah Afrikaner sich niemals in

der Öffentlichkeit küssen und sich umarmen. Es war eine Sache, wenn die Männer herumvögelten. Die Ehefrau dagegen riskierte eine Tracht Prügel, wenn sie untreu war, denn sie war ja gekauft. Was die Afrikaner dachten, wenn sie sahen, wie meine Stiefmutter und meine Hauslehrerin sich in JCs Abwesenheit benahmen, oder wie die Afrikaner sich überhaupt Respekt vor den Europäern bewahren konnten, ist mir ein Rätsel.

Frühe Liebe

Unter der Sonne Afrikas war Isabel Rutt meine Eiskönigin, die darauf aus war, mir das Leben zur Hölle zu machen. Ihretwegen war ich damals ständig in Schwierigkeiten. Für die harmlosesten Fehltritte bezog ich Schläge, und unter dem fadenscheinigsten Vorwand erhielt ich Hausarrest. So konnte ich nicht mit denen zusammensein, die mir geholfen hätten. Ich war nicht die einzige, die die Rutt haßte. Die Boys behandelte sie mit arroganter Verachtung, als wäre sie die *memsahib* persönlich und nicht nur eine angestellte Haushaltshilfe. Immer wieder schimpfte sie, ich würde mich mit ihnen verbrüdern, und setzte alles daran, meine Besuche in der Küche zu unterbinden. Wenn ich dort war, brachte ich sie in Rage, weil ich mich mit Kimani, dem Koch, auf suaheli unterhielt, denn sie beherrschte diese Sprache nicht.

Eines Tages, als June auf einem Einkaufsbummel in Hongkong war, beschloß die Rutt, mich mit nach Nairobi zu nehmen. Obwohl sie nicht Auto fahren konnte, wollte sie es auf dem Rückweg versuchen. Sie befahl Gatimu, der sonst immer fuhr, sich nach hinten zu setzen. Als wir ungefähr zwischen Nairobi und Nyeri waren, verlor sie die Kontrolle über den Wagen und fuhr gegen eine Brücke. Durch den Aufprall wurde Gatimu nach vorne geschleudert, wobei er mit dem Adamsapfel auf die Rücklehne des Vordersitzes aufschlug. Der arme Mann hatte Schmerzen und konnte nicht sprechen. Doch die Rutt war durch den Unfall so erschrokken, daß sie Gatimu zwang, sich wieder nach vorne zu setzen und weiterzufahren.

Zu jener Zeit betrachtete ich die Trenches mehr denn je zuvor als eine Art Rettungsanker. Während June in Fernost war, blieb ich bei Nellie. Ich half ihr in der Molkerei und kümmerte mich um die Tiere. Nellie hatte einen Esel, den wir wegen seiner langen Ohren Sungura nannten (Suaheli für Kaninchen). Sungura war trächtig, und als das Fohlen zur Welt kam, war ich so begeistert, daß Nellie es mir zum Geburtstag schenkte. Ein kleiner Esel ist das bezauberndste Tier, das man sich vorstellen kann. Dieser hatte einen schwarzen Schnurrbart, und ich nannte ihn Hitler. Hitler, mein kleiner Esel, lebte im selben Stall wie Bokkie, und wenn ich mit Bokkie ausritt, kam Hitler immer hinter uns her.

Doch die Rutt sorgte schließlich dafür, daß ich nicht mehr zu den Trenches gehen durfte. June gegenüber deutete sie an, ich könne vielleicht mehr über die Partys ausplaudern, als ihnen lieb sei. Sie informierte JC heimlich, daß die Trenches nicht damit einverstanden seien, wenn er mich nach seinem Ermessen disziplinierte. Ihre Worte fielen auf fruchtbaren Boden. Die geschäftliche Seite der Partnerschaft bekam allmählich Risse, denn Maxwell ärgerte sich zunehmend darüber, daß Carberry sich wie ein Playboy benahm, während er selbst die ganze Arbeit machte. Für mich war es eine Katastrophe, daß ich die Trenches nicht mehr besuchen durfte. Ich liebte Maxwell und Nellie Trench. Sie beschützten mich, und ihr anständiges Zuhause, für das sie hart arbeiteten, war ein angenehmer Gegensatz zu der schrillen und von Trunkenheit geprägten Atmosphäre der Carberry-Sippe.

Auch die Afrikaner mochten die Trenches, und die Jungen knobelten ein Überwachungssystem aus, mit dessen Hilfe ich mich dem Verbot entziehen konnte. Allerdings konnte ich nie wieder spontan zu den Trenches laufen, um ihnen in einer schwierigen Situation zu helfen. Ich ging weiterhin frühmorgens hinüber, bevor die Carberrys aufwachten, um in der Molkerei zu helfen. Anschließend ritt ich mit Bokkie aus. Ich nahm dann den Weg hintenherum durch den Kaffee, so daß man mich vom Haus aus nicht sehen konnte. Ich band Bokkie hinten am Haus bei den Trenches an, und zwei *totos* hielten Wache, einer beim Haus der Trenches, der andere bei den Ställen zwischen den beiden Häusern. Wenn die Rutt auftauchte, gab der erste *toto* ein schrilles »ku« von sich. Der andere *toto* antwortete mit einem ebenfalls schrillen »ma« und rannte los, um mich zu warnen. Dann sprang ich auf Bokkie und galoppierte davon.

Wenn das Schicksal im Leben zuschlägt, geschieht das oft ohne Vorwarnung. Erst wenn man zurückblickt, erkennt man, daß sich an jenem Tag das ganze Leben für immer verändert hat. Als ich an jenem Morgen aufstand, hatte ich keine Ahnung, daß irgend etwas Ungewöhnliches passieren würde. Wie ich schon sagte, war die Rutt immer auf der Suche nach Gründen, um mich zu bestrafen. John Carberry wollte mir die Schläge zwar nie selbst verabreichen, aber sie hatte bemerkt, daß es ihm gefiel, dabei zuzusehen. Daher hatte sie sie immer dann die besten Ideen, wenn er auf Seremai war. Seit die Rutt da war, hatte June sich wieder eine neue Schikane ausgedacht und darauf bestanden, daß sie jeden Brief zu lesen bekam, den ich schrieb oder erhielt. Auch auf diese Weise wollte sie mich isolieren und dafür sorgen, daß ich keine »Geschichten« erzählte.

An ebenjenem Tag bekam ich einen Brief von einem Mädchen namens Hilda, die in Nairobi wohnte. June streckte die Hand aus und befahl: »Her mit dem Brief!«

Ich hatte schon immer einen stark ausgeprägten Gerechtigkeitssinn. Für diesen Eingriff in meine Privatsphäre gab es nicht die geringste Rechtfertigung – und schon gar nicht für Leute mit einer höchst fragwürdigen moralischen Autorität –, und darum beschloß ich, hart zu bleiben. »Nein.«

»Gib mir den verdammten Brief!« brüllte June.

»Nein. Du sagst doch immer, man dürfe die Post anderer Leute nicht lesen.«

Mein Widerstand machte June so wütend, daß sie nach dem Brief grapschte. Ich beschloß, lieber selbst auf den Brief zu verzichten, als ihn ihr zu geben, und darum warf ich ihn ins Feuer.

Da war die Hölle los. JC wurde von der Sache unterrichtet, und er ordnete an, daß ich für das zweifache Vergehen von Ungehorsam und Widerstand Schläge bekommen sollte. Die Prügel bekam ich aber nicht sofort, denn JC machte gerne alles nur noch schlimmer, indem er mir zwar Schläge androhte, aber nicht sagte, wann ich sie bekam; so brachte er mich ins Schwitzen. Als es dann soweit war, gab JC genaue Anweisungen. Ich mußte die Hosen herunterlassen und mich quer über einen der Sessel legen, so daß meine Hände den Boden berührten. Während JC zuschaute, gab die Rutt mir zwölf Schläge mit der Nashornlederpeitsche, mehr als je zuvor. Es war entsetzlich. Mein Rücken und mein Po waren nur noch eine blutige Masse, in der man die deutlichen Striemen noch tagelang sah. »Schlag zu, bis sie schreit«, hörte ich JC sagen. Ich kann mich noch daran erinnern, daß ich dachte, ich werde nicht schreien, nur um ihn zu ärgern, aber ich tat es trotzdem. Fast mein ganzes Leben lang habe ich Tagebuch geführt. Unter dem Datum 17. Juni 1940 steht schlicht und einfach: »Hilda hat geschrieben. Habe fürchterlich dafür bezahlt.«

Auch der unterwürfigste Hund, der einmal zu oft geschlagen oder angekettet wird, beschließt irgendwann, daß es reicht. An dem Tag entschloß ich mich zu gehen, egal was passieren würde. Ich wußte, wenn ich blieb, würde ich so werden wie sie, und das wollte ich auf gar keinen Fall. Mir war klar, daß ich Geduld haben mußte. Ich war mitten in Afrika, minderjährig und die Tochter eines bekannten Siedlers. Damals pflegten sich die Behörden noch nicht in die Erziehungsmaßnahmen von Eltern einzumischen. Hätte ich mich mit meinem Koffer auf und davon gemacht, hätte man mich wieder nach Hause gebracht, und ich hätte wieder Prügel bekommen.

Einige Tage später jedoch ging ich zur Polizei. Ich wollte Seremai bei der ersten sich bietenden Gelegenheit verlassen, aber ich hatte Angst, JC könnte versuchen, mich zurückzuholen. Ich dachte, wenn ich die Rutt und JC wegen der Verletzungen, die sie mir zugefügt hatten, bei der Polizei anzeigte, dürfte JC mich nicht zurückholen. Darum lief ich die Straße zur Fabrik hinunter und nahm die Abkürzung nach Nyeri, was mir einige Meilen an Weg ersparte. Es tat weh, mich auf Bokkie zu setzen, aber ich schaffte es. Der diensthabende Polizist war ein junger Europäer. Ich zog meine Hosen herunter und forderte ihn auf, sich mein Hinterteil anzusehen und aufzuschreiben, was er sah. Dem armen Jungen war das sehr peinlich.

Fünf Tage nachdem ich die Prügel bezogen hatte, sagte John Carberry, er wolle Bokkie, das Pony, das ich so mühsam eingeritten und gebändigt hatte, sicherheitshalber verkaufen. Er hängte in Nyeri Plakate auf, mit denen er Bokkie zum Verkauf anbot, aber JC war unbeliebt, und jeder wußte, daß Bokkie mein Pony war. Niemand wollte es kaufen, und die Plakate wurden heruntergerissen.

Danach wurde das Leben wieder einigermaßen normal. Ich war immer häufiger mit der Rutt allein, während June aktiv am Gesellschaftsleben Nairobis teilnahm. Wenn June und JC nicht da waren und ich mit der Rutt allein war, schlief ich meistens. Allerdings nicht in dem Kinderzimmer, in dem ich normalerweise schlief und vor dessen Fenster Draht gespannt war, sondern in einem der Schlafzimmer nahe dem Salon, von dem man einen Blick auf die Veranda hatte. Meine Kindheit in Afrika hat unter anderem dazu geführt, daß es in der Natur nur wenig gibt, wovor ich mich fürchte. Vor Leoparden habe ich allerdings Angst. Selbst wenn ich im Zoo einen Leoparden sehe und unsere Blicke sich treffen, kriege ich eine Gänsehaut. Für diese Angst gibt es einen guten Grund. Ein Leopard ist ein gefährliches, unberechenbares Tier, das im Gegensatz zu den meisten anderen Katzen keine Angst vor dem Menschen hat. Durch das Hochland streiften immer ziemlich viele Leoparden. Ich lag oft im Dunkeln wach und stellte mir vor, wie ein Leopard draußen auf der Lauer lag und nur darauf wartete, durch mein Fenster zu springen. Ich durfte kein Licht brennen lassen, obwohl ich schon immer Angst vor der Dunkelheit hatte, und mußte bei offenem Fenster schlafen, weil die Erwachsenen frische Luft für gesund hielten. Das klingt vielleicht unverständlich, weil es draußen Leoparden gab. Aber wenn ein Leopard auch dann und wann einen Hund vor der Veranda geholt hatte, war es doch nicht sehr wahrscheinlich, daß er ins Haus drang.

Als ich in jener Nacht im Bett lag, hörte ich auf der

Veranda ein Rascheln. Zuerst dachte ich, es wäre einer von den Hausjungen und das Zischen, das ich hörte, käme von seinem *kanzu*. Ich machte das Licht an und sah aus dem Fenster. Mein Herz raste. Draußen unter der Tischtennisplatte lag in geduckter Haltung der Inbegriff all meiner Ängste. Die Augen des Leoparden reflektieren das Licht aus meinem Schlafzimmer wie die fluoreszierenden Zeiger einer Leuchtuhr. Sein Blick erfaßte und lähmte mich. Leoparden machen so etwas oft. Einmal sah ich, wie ein Leopard sich einer Antilope näherte und sie tötete, ohne daß sie die geringste Gegenwehr zeigte. Ich stand wie hypnotisiert da und schaute in seine leuchtenden Augen. Dann kam ich auf einmal zu mir. Ich stieß einen markerschütternden Schrei aus und rannte aus meinem Schlafzimmer auf den Flur. Ich schrie und schrie und rannte zur Rutt, die in Junes Zimmer schlief. Im Laufen versuchte ich, die Tür hinter mir zuzuschlagen. Aber es war wie in einem Alptraum, der Schubs war nicht heftig genug, und die Tür schloß nicht. Als ich voller Panik an die Zimmertür meiner Stiefmutter hämmerte, wußte ich, daß der Leopard direkt hinter mir sein mußte. Ich drehte mich schluchzend um und rechnete damit, ihm direkt in die Augen zu blicken. Aber hinter mir stand nicht der Leopard. Es war Gatimu. Als er meine Schreie gehört hatte, hatte er gedacht, die Rutt schlüge mich, und war vom Hof ins Haus gekommen, um mich zu beschützen. »Chui! Chui!« stieß ich aus, was auf Suaheli Leopard heißt. Gatimu lief ins Eßzimmer, nahm ein Gewehr aus dem Schrank und rannte dem Leopard hinterher, der gerade über den Rasen sprang. Es war höchste Zeit gewesen, denn am nächsten Morgen fanden wir Spuren am Fenster, wo das Tier hochgesprungen war.

Nur kurze Zeit später bekam ich meinen ersten Heiratsantrag. Eines Abends beschloß ein junger Offizier der britischen Armee, Junes weithin bekannte Gastfreundschaft zu nutzen. Er war in Kigano, ein Stückchen außerhalb von Nyeri, stationiert, wo die Briten gerade ein Militärhospital bauten. Möglicherweise gehörte er zu den Royal Engineers, denn er trug das Abzeichen eines Ingenieurs an seiner Uniform. Seine Mutter leitete eine Krankenstation in Nairobi, und er selbst war in Afrika aufgewachsen. Ich glaube, er hieß Alistair Scott, aber ich kannte ihn nur unter dem Namen Scottie. Er war wohl nicht viel älter als ich, und es störte ihn offensichtlich überhaupt nicht, daß ich auf Junes Partys lieber Milch trank als Gin Tonic. Er schien mich sehr zu mögen. Mein Tagebucheintrag vom 16. August 1940 lautete: »Scottie merkt zum ersten Mal, daß er mich mag.« Ich war gerade fünfzehn geworden, nicht mehr Kind und noch nicht Frau, und furchtbar einsam auf Seremai. Zudem wurde ich von den Erwachsenen, die ich kannte, stets zurückgewiesen. Ich empfand immer stärkere Gefühle für Scottie. Am 29. August schrieb ich folgendes in mein Tagebuch – auf suaheli, damit die vorwitzige Rutt es nicht verstand, falls sie das Buch fand: »Heute zum ersten Mal mit Scottie geschlafen.«

Scottie kam immer von seiner Basis in Kigano her-übergefahren. Er parkte seinen Wagen hinter dem Haus nahe dem Affengehege und stieg durch mein Badezimmerfenster ins Haus. Zu der Zeit hatte ich sexuell noch nicht selbst die Initiative ergriffen. Die Bereitwilligkeit, mit der ich Scotties Aktivitäten aufnahm, ähnelte jedoch in gewisser Weise der, die ich bei Hündinnen und Stuten gesehen hatte, wenn sie soweit waren. Die Erwachsenen, die für mich verantwortlich waren, hatten mir keinerlei moralische Hilfestellung gegeben. Keiner hatte mich über die Gefahren aufgeklärt, die Männer auf ihren Raubzügen für Frauen darstellen konnten, und niemand hatte mir gesagt, ich solle meine Unschuld für meinen zukünftigen Ehemann aufsparen. Meine Stiefmutter beging mit derselben Selbstverständlichkeit Ehebruch, mit der sie sich einen Whisky genehmigte. Und die einzige Moral, die meine Erzieherin mir beibrachte, war die, daß eine Party nichts anderes war als ein Vorspiel. Scottie war ein leidenschaftlicher und zärtlicher Liebhaber. Ich verzehrte mich nach Küssen und Streicheleinheiten, wie sie normalerweise in einer Familie ausgetauscht werden und sie jedes Kind als normal betrachtet, und genoß seine Zuneigung. Scottie nahm unsere Beziehung zunehmend ernster. Mein Tagebucheintrag vom 29. September 1940 lautete: »Scottie hat mich gefragt, ob ich ihn heiraten will. Er hat mir seine Armbanduhr geschenkt. Die Rutt hat sie mir weggenommen.«

Das war ganz typisch für die besondere Art von Bosheit, die die Rutt an sich hatte. Sie hatte beobachtet, wie ich mich verliebt hatte. Ich wußte nie, wann ich Scottie wiedersehen würde. Und als seine Uhr weg war, für mich die einzige Verbindung zu ihm, wurde ich sehr wütend. Die Rutt mußte Scotties nächtliche Besuche bei mir beobachtet haben, denn eines Nachts ließen sie und June von ihren eigenen Vergnügungen ab, um ihm eine Falle zu stellen. Die Rutt wartete mit einer geladenen Pistole auf Scottie. Sie wollte ihn nur erschrekken und ihn nicht wirklich verletzen. Ich wachte von Pistolenschüssen auf. Mit Waffen kannte ich mich aus, und ich erkannte das dumpfe Geräusch, wenn eine Kugel ihr Ziel traf. Und genau diesen Laut hörten wir. Die Rutt war voller Panik und fürchtete, Scottie erschossen zu haben. Es stellte sich heraus, daß sie nur das Abwasserrohr der Toilette neben meinem Schlafzimmer getroffen hatte. Scottie war davongerannt. Am 12. November 1940 schrieb ich in mein Tagebuch: »Scottie am Fenster. Er wäre fast erschossen worden. Bin im Zimmer eingeschlossen.« Von da an war an meiner Tür ein Riegel, der mit einem großen Vorhängeschloß gesichert wurde. Jeden Abend, wenn ich zu Bett ging, schloß die Rutt mich ein. Meinem Tagebuch zufolge ging das bis zum 9. Februar des nächsten Jahres so, als June und JC vermutlich die Polizei erwarteten, die im Mordfall Erroll ermittelte. In der Zeit, in der die Rutt im Haus war, wurde ich immer wieder durch Einsperren bestraft. Manchmal bekam ich dann den ganzen Tag keine regelmäßigen Mahlzeiten. Und weil mein

Zimmer recht weit vom Rest des Hauses entfernt war, wurde Draht vor meinen Schlafzimmerfenstern gespannt, so daß ich nicht entkommen konnte. Aber ohne den Mut und die Freundlichkeit der Boys, die das Spielchen der Rutt kannten, wäre es noch viel schlimmer gewesen. Ich mochte Kimani, den älteren Koch, der immer nett zu mir gewesen war. Nun bewies er, daß er auch tapfer war. Ich hörte, wie jemand vorsichtig an den Draht klopfte, und eine Stimme sagte leise: »*Memsahib kidogo*, ich habe Ihnen etwas zu essen gebracht.« Das Essen war köstlich. Nicht dieses typisch englische Zeug, das im Eßzimmer serviert wurde, sondern jenes, das mir schon immer besser geschmeckt hat – eine süße Kartoffel, ein Maiskolben in Öl, ein Stück Obst.

Die Rutt sah, daß Scottie mich glücklich machte, woraufhin sie beschloß, unsere Liebesbeziehung zu beenden. Am 18. November habe ich in mein Tagebuch geschrieben: »Scottie wurde hereingelegt und verhaftet.« Ich vermute, man hatte den Behörden zugespielt, daß ich noch nicht volljährig war. Ich habe ihn nie wiedergesehen.

In jenem Jahr Ende Januar starb Lord Baden-Powell. Er wollte sich eigentlich in Südafrika zur Ruhe setzen, aber Nyeri gefiel ihm so gut, daß er während einer Rast auf seiner Reise nach Süden gleich ganz dort blieb. Er hatte viele Jahre mit seiner Frau in einem kleinen Haus auf dem Grundstück des Outspan Hotel gewohnt. Der Begründer der Pfadfinderbewegung war einer unserer berühmtesten Gäste, und seine Beerdigung wurde zu einer großen Veranstaltung. Die Gewehre kamen von der südafrikanischen Artillerie, und die Band der Kings African Rifles machte Musik. Baden-Powell wurde auf dem kleinen Friedhof auf dem Hügel von Nyeri beigesetzt. Am Fuß dieses Hügels floß der Fluß Chania, der auch die Kaffeefabrik auf Seremai mit Energie versorgte. Ich nahm meine kleine Kamera mit, um alles im Bild festzuhalten. Später wurde ein Grabstein aufgestellt, auf dem ein Kreis mit einem Punkt in der Mitte dargestellt war, dem Symbol der Pfadfinder für das »Nachhausekommen«. Auch davon machte ich ein Foto.

Am nächsten Tag kam ein Afrikaner mit einem Telegramm nach Seremai.

Ich sollte in einen der faszinierendsten und rätselhaftesten Mordfälle des Jahrhunderts verwickelt werden.

Der Mordfall Erroll

Das Telegramm, das uns am 26. Januar 1941 erreichte, war von June Carberry. Die Rutt und ich waren allein auf Seremai. June befand sich, wie ich später herausfand, in Nairobi bei einem Engländer namens Sir Delves Broughton und seiner Frau Diana, mit der er erst kurze Zeit verheiratet war. Offensichtlich war etwas Dramatisches passiert. Sobald die Rutt das Telegramm gelesen hatte, rief sie Gatimu und befahl ihm, den Wagen fertigzumachen. Wir fuhren nach Nairobi. Diese Fahrt ging hundert Meilen über staubige Straßen voller Schlaglöcher und dauerte drei bis vier Stunden. Unterwegs gab die Rutt dem Balg, nämlich mir, kurz und knapp die Informationen, die es ihrer Meinung nach haben mußte: nämlich daß Lord Erroll in den frühen Morgenstunden des Vortages erschossen worden war und die Polizei nun seinen Mörder jagte.

Josslyn Victor Hay, Earl of Erroll, war ein schottischer Adliger, der wie ein Casanova lebte und für den alle Frauen schwärmten. Er kam 1923 unter skandalösen Umständen nach Kenia, denn er war mit der bereits zweimal verheirateten Lady Idina Gordon durchgebrannt. Die Partys in Lady Idinas Haus in Clouds im Hochland waren berüchtigt dafür, daß man es dort bunt miteinander trieb. Es gab ausgefeilte Rituale, mit denen man Paare, von denen viele dem niederen englischen Adel angehörten, dazu ermutigte, in einer von Alkohol und Drogen aufgeheizten Atmosphäre die Partner zu tauschen. Aufgrund dieses unkonventionellen Lebenswandels, den Lady Idina und ihre Freunde, die alle im Tal des Flusses Wanjohe in den Aberdare Mountains wohnten, pflegten, wurde irgendwann der Begriff »Happy Valley« geprägt. Die Frage »Sind Sie verheiratet, oder leben Sie in Kenia?« war eine Anspielung auf die Spielchen, die man dort trieb.

Am frühen Morgen des 24. Januar 1941 fand man Lord Errolls Auto in einem Graben. Im Wagen lag die Leiche des liebestollen Grafen. In seinem Kopf steckte eine Kugel, die aus nächster Nähe abgefeuert worden war. Errolls Liebesleben bestand aus einem ganzen Netz eroberter und verlassener Ehefrauen und wütender Ehemänner. Viele Männer oder Frauen kamen als Täter in Frage. Der Verdacht fiel sofort auf Sir Jock Delves Broughton, den Siedler, der neu angekommen war und mit dessen Frau Diana Lord Erroll eine Affäre hatte, die sie in keinster Weise geheimhielten.

Ich hatte schon von Lord Erroll gehört, ihn aber nie kennengelernt. Da ich weder Sir Delves noch seine Frau kannte, hatte ich von dem Motiv keine Ahnung. Daher machte ich mir auch keine Gedanken darüber, wer das Verbrechen begangen haben könnte. Unterwegs dachte ich wehmütig daran, daß ich viel lieber auf meinem Pony reiten würde, statt einen langweiligen

Tag unter Erwachsenen zu verbringen, die mich mit ihrer Trinkerei und ihrem trivialen Geschwätz anödeten. Wir fuhren direkt zu dem Haus, das die Broughtons gemietet hatten. Es stand in Karen, einem Wohngebiet von Nairobi, das nach Karen Blixen benannt war, der Autorin von »Jenseits von Afrika«. Das Land hatte früher zu Blixens Kaffeefarm gehört, einer der ersten in Ostafrika. Das Anwesen sah aus wie jedes durchschnittliche europäische Haus, mit zwei Stockwerken, aus Sandstein gebaut und, wie die meisten Häuser in Nairobi, mit einem Dach aus Mangalore-Ziegeln, die aus Indien importiert wurden. Es hatte einen großen Garten und, worauf ich immer besonders achtete, Ställe. Als wir eintrafen, kam June heraus und stellte uns Sir Delves Broughton vor, den sie Jock nannte. Er war groß, für meine Begriffe schon etwas älter, aber kräftig gebaut. Wir vier gingen zum Mittagessen hinein. Von Diana Broughton war nichts zu sehen.

Es herrschte eine extrem angespannte Stimmung, man konnte die ganze Zeit das Quietschen von Messern und Gabeln auf dem Geschirr hören. Die Unterhaltung war verkrampft und steif. Als wir mit dem Essen schon halb fertig waren, öffnete sich die Tür, und eine junge Frau kam herein. Dianas hochmütige Schönheit, ihre perfekte Eleganz und ihre Gier nach teuren Juwelen, Diamanten und Perlen waren weithin bekannt. Dieses Bild zeigte sie ihren Mitmenschen, als sie nach und nach in die Rolle der Nestorin der Gesellschaft Kenias hineinwuchs. Aber an jenem Tag war sie erst seit weniger als zwei Monaten in Afrika. Es liegt eine gewisse Ironie darin, daß ich, ein Teenager, der sie nur zweimal sah, beide Male eine Seite von ihr kennenlernte, die sie niemandem außerhalb ihres vertrauten Kreises zeigte. Ich sah eine junge Frau mit roten, geschwollenen Augen, ungeschminkt und unfrisiert. Sie setzte sich an den Tisch, lehnte aber das ihr angebotene Essen ab. Sie schluchzte leise, während alle anderen versuchten, die Peinlichkeit dieser sehr unenglischen Situation zu überspielen. Als das Essen vorüber war, sagte June, sie wolle Diana, die noch immer weinte, mit nach Nyeri nehmen, um sie abzulenken. Die Rutt und ich sollten ihr in unserem Wagen mit Gatimu folgen.

Jock Broughton war der einzige, der begriff, daß dieses Essen für ein Kind in meinem Alter eine bizarre Erfahrung war. Ich wollte gerade gehen, als er mich fragte, ob ich Pferde mochte. Er sah, wie sich mein Gesicht aufhellte, und fragte, ob ich Lust hätte, zu den Ställen zu gehen. Kinder können herzlos sein. Ich war mit einem Haufen Erwachsener zusammengepfercht, die Probleme wälzten, von denen ich nichts verstand, und fand die Situation äußerst langweilig. Dies war nun eine unerwartete Abwechslung.

Sir Delves ging voraus zu den Ställen, die sich hinter dem Haus befanden. In dem später folgenden Mordprozeß machte sein Verteidiger Harry Morris viel Aufhebens um die Tatsache, daß Sir Delves gehbehindert war und so auch nicht die zwei Meilen vom Ort des Geschehens zurück zu dem Haus in Karen hätte gehen können. Die Behinderung hatte er sich offensichtlich unter mysteriösen Umständen im Krieg 1914–1918 zugezogen, aus dem er als Invalide zurückgekehrt war. Ich jedenfalls sah nicht, daß er humpelte. Was mir auf dem Weg zu den Ställen auffiel, war der rauchende Müllhaufen. Das war nichts Ungewöhnliches. In diesem Klima kam es jeden Tag vor, daß es auf einmal zu brennen anfing. Während der Regenzeit wuchsen auf den Müllhaufen köstliche Pilze. An diesem aber war ungewöhnlich, daß obenauf ein Paar bereits halb verbrannte *takkis* oder auch Turnschuhe lag. In Afrika vernichtete niemand alte oder zu klein gewordene Kleidungsstücke. Man gab sie an seine Hausbediensteten weiter. Ich kam nicht auf den Gedanken, daß die *takkis* aus einem bestimmten Grund dort lagen. Ich war einfach nur erschrocken über diese Verschwendung. Ich fragte Sir Delves, warum er die Schuhe nicht einem seiner Diener gegeben hatte. Er war überrascht, wußte aber keine richtige Antwort.

Nachdem ich die Pferde, einen Grauen und einen Fuchs, bewundert hatte, fuhr ich mit der Rutt und Gatimu nach Nyeri. June und Diana waren schon weg, und Sir Delves blieb allein. Als wir davonfuhren, sah er sehr einsam aus, und er tat mir leid.

Während der mehr als sechsstündigen Fahrt über schlaglochübersäte Straßen fragte ich die Rutt aus, und schließlich konnte ich mir das Drama zusammenreimen. Diana war so aufgeregt, weil sie seit Wochen eine leidenschaftliche Affäre mit Lord Erroll gehabt hatte, obwohl sie Sir Delves erst im November geheiratet hatte. Auf Seremai hatte ich oft mitbekommen, wie man sich über den im Seidenanzug gekleideten und Krawatte tragenden Erroll unterhalten hatte, der immer viel trank und ständig die Frauen wechselte. Denn alle Frauen fanden ihn sehr attraktiv und hätten gerne mit ihm geschlafen – auch June Carberry.

June wußte, daß sie bei diesem Mord auf jeden Fall als wichtige Zeugin verhört werden würde. Und weil JC zu der Zeit in Südafrika war, hatte sie uns um moralische Unterstützung gebeten. Sogar ich verstand, daß sie eine wichtige Figur darstellte. Sie war eine der letzten, die Erroll lebend gesehen hatten, und sie war zu dem Mann nach Hause gegangen, der offensichtlich als Täter in Betracht kam. In der Mordnacht war sie bei Jock und Diana gewesen. Die drei hatten den ersten Teil des Abends im Muthaiga Club verbracht. In dem Prozeß wurde besonderen Wert auf das gesellige Abendessen der vier gelegt, zu dem June mit Jock erschienen war, während seine Frau Diana, mit der er erst wenige Wochen verheiratet war, sich so verhalten hatte, als wäre Erroll ihr Begleiter. Nach dem Abendessen war Erroll mit Diana zum Tanzen ins Claremont Road House gefahren, einem weiteren Club außerhalb von Nairobi. Auf Sir Delves' Bitte, daß Diana um drei Uhr früh zurück sein möge, hatte Erroll mit einem zustimmenden Kopfnicken reagiert.

Wir kamen nach June und Diana auf Seremai an. Diana hatte sich schon ins Gästezimmer zurückgezogen, in das man durch das Wohnzimmer gelangte. June war sehr aufgeregt wegen einer Sammlung arabischer Messer, *jambias* genannt, die auf ihrem Kaminsims lagen. Sie bat uns, die Messer wegzulegen. Sie dachte, Diana hätte Selbstmordgedanken, und sie fürchtete, sie könne sich mit einem dieser Messer umbringen. An jenem Abend sollte ich Diana etwas bringen. Der Anblick, der sich mir bot, war außergewöhnlich: Sie lag völlig aufgelöst auf dem wunderschönen Bett aus Holz und war über und über mit Andenken an Joss Erroll bedeckt. Sie hatte seine Armeemütze in der Hand, preßte sie eng an sich und schluchzte. Um sie herum schaute Errolls Gesicht sie von Dutzenden von Schwarzweißfotos an.

Am nächsten Morgen hatte sich Dianas Verzweiflung noch nicht gelegt, und June beschloß, sie zu Jack Soames' Farm nach Nanyuki zu bringen. Auf diesem wunderschönen Anwesen herrschte ständig Partyatmosphäre, und June hoffte, Diana dadurch ein wenig aufzumuntern. Die Rutt fuhr mit ihnen, und ich blieb allein auf Seremai.

Irgendwann am Nachmittag hörte ich die Hunde bellen, und zu meiner Überraschung sah ich, daß Jock Broughton gekommen war. Er hatte offensichtlich gehofft, Diana zu treffen.

»Wo sind sie denn alle?«

»Sie sind nach Nanyuki gefahren.«

»Diana auch?«

»Ja.«

Er hatte hundert Meilen über hügelige, enge Straßen zurückgelegt, auf denen man nur 30 Meilen pro Stunde fahren konnte. Er war bedrückt und wirkte enttäuscht und verärgert. Ich wußte nicht so recht, was ich mit einem älteren Mann machen sollte, der so aufgewühlt war. Daher rief ich einen der Boys und bat ihn, uns Tee zu bringen. Jock Broughton wurde mir sympathisch. Am Tag zuvor bei dem anstrengenden Mittagessen in Karen war er mir gegenüber sehr aufmerksam gewesen und hatte mir seine Pferde gezeigt. Ich konnte das Benehmen der Leute im Happy Valley nicht ausstehen. Ständig waren sie betrunken und laut, und dauernd zogen sie mit anderen Ehefrauen herum und beschimpften die Schwarzen. In dieser rauhen, wilden Umgebung war Broughton offenbar ein Außenseiter. Als unsere Unterhaltung schleppender wurde, hatte ich eine Idee. Ich fragte ihn, ob er mir eine Unterschrift für mein Autogrammbuch gebe. Broughton kam meiner Bitte gerne nach. Er erzählte mir, daß Pferde und Bären seine Lieblingstiere seien. Bei der Frage »Wovor haben Sie am meisten Angst?« zögerte er einen Augenblick, dann antwortete er: »Vor dem Alleinsein.« Mein Autogrammbuch habe ich heute noch. Das war die wehmütige Bemerkung eines Mannes, der schon wenige Wochen nach der Hochzeit von seiner Frau zurückgewiesen wurde.

Nach dem Tee wollte ich mich für den Gefallen vom Vortag revanchieren und bot Broughton an, ihm mein Pony Bokkie zu zeigen. Auf dem Weg zu den Ställen begann die merkwürdigste Unterhaltung, die ich je in meinem Leben geführt habe.

»Ich will nicht, daß du Angst hast, aber die Polizei ist hinter mir her.«

»Warum denn das?«

»Sie glauben, ich hätte Joss umgebracht.«

»Das ist ja lächerlich.«

Er hielt inne. »Na ja, ich war es wirklich.«

Ich war nicht schockiert. Ich war beeindruckt. »Wie?«

Broughton erzählte mir, daß er in Errolls Auto gestiegen war, während dieser sich im Haus befand, um Diana gute Nacht zu sagen. Als der Wagen langsam an die Kreuzung von Karen Road und Ngong Road heranfuhr, erschoß er ihn.

Ich war fasziniert – und fühlte mich sehr geschmeichelt. Als Schulmädchen versprachen wir uns immer gegenseitig zu schweigen, wenn es um ein Geheimnis ging. Aber dieses war mit Abstand das größte Geheimnis, das man mir jemals anvertraut hatte. »Ich werde niemandem etwas davon sagen, selbst wenn man mich foltert«, sagte ich.

Offensichtlich glaubte Broughton mir. Er lachte leise. »Weißt du, die Polizei hat mich dabei beobachtet, wie ich die Waffe weggeworfen habe.«

Er erzählte mir, wie er auf dem Weg nach Nyeri in Thika angehalten hatte, wo der Fluß Chania einen beeindruckenden Wasserfall bildet. Er hatte sein Auto abgestellt, war zum Wasserfall gegangen und hatte die

Waffe hineingeworfen. Der Polizeiwagen hatte in einigem Abstand entfernt geparkt, auf jeden Fall zu weit entfernt, um etwas zu sehen, dachte Broughton.

Plötzlich hörten wir draußen ein Auto. Es waren June und die Rutt, die Diana aus Nanyuki zurückbrachten. Als Diana Broughton sah, ging sie wie ein wildes Tier auf ihn los, schlug und kratzte ihn und schrie, er hätte Erroll umgebracht. Es war furchtbar. Wie die meisten Kinder haßte auch ich Streitereien und rannte davon.

Broughton sah ich nie wieder.

Es ist vielleicht nur schwer vorstellbar, daß ein Sechzigjähriger einem Kind, das er kaum kannte, anvertraute, daß er den Liebhaber seiner Frau umgebracht hat. Schließlich lebten wir in einer Zeit, in der eine Verurteilung wegen Mordes die Todesstrafe bedeutete. Ich finde das aber gar nicht so unverständlich. Vielleicht sah Broughton in mir als Kind auch eine Außenseiterin. Bei dem Mittagessen in Karen war die Atmosphäre äußerst gefühlsgeladen und angespannt gewesen. Dann hatte June Diana mitgenommen, und Broughton war allein zurückgeblieben. Er hatte genug Zeit gehabt, darüber nachzudenken, daß seine Frau nicht das geringste für ihn empfand. Er wiederum liebte sie über alles und hatte sich auf den Weg gemacht, um mit ihr zusammenzusein, obwohl er zweifellos nicht geahnt hatte, wie anstrengend diese Fahrt sein würde. Als er in Nyeri ankam, physisch und psychisch sehr erschöpft, fand er nur ein junges Mädchen vor. Und dann konnte er sein Geheimnis einfach nicht mehr für sich behalten.

Zwei Wochen später, am 17. Februar, kam ein Inspector Gribble nach Seremai, um mich zu vernehmen. Er hatte erfahren, daß ich mit Broughton allein gewesen war. Bevor er kam, trichterte June Carberry mir ein, bloß nichts zu sagen, was Jock in Schwierigkeiten bringen würde, ansonsten würde er alles abstreiten. Ihre Warnung beeindruckte mich tief. Bis dahin hatte ich gar nicht so recht begriffen, wie wichtig mein Geheimnis war – und daß Jocks Leben in meinen Händen lag. Aber June mußte sich keine Sorgen machen. Ich würde nichts verraten, was Jock belasten konnte. Ich hielt ihn für einen guten Kerl. Die Abneigung, die er für Erroll empfand, machte ihn mir sympathisch, und ich konnte mir vorstellen, wie schmerzhaft und demütigend dessen sehr öffentliche Affäre mit Diana für ihn gewesen sein mußte. Um meine Haut zu retten, war ich in all den Jahren zu einer perfekten Lügnerin geworden. Es war für mich ganz normal, Erwachsenen Schwierigkeiten zu machen, und als Gribble mit seiner Befragung begann, spielte ich das dumme, unverständige Kind.

Die Polizei hielt mich für eine unzuverlässige Zeugin. Das Ganze muß für sie sehr anstrengend gewesen sein. Sie war davon überzeugt, daß Broughton ihr Mann war, aber bei den Siedlern stieß sie auf eine Mauer des Schweigens. Die Polizei wurde behindert und sogar belächelt, und man hielt gegen sie zusammen, während sie versuchte, Beweise zu finden.

Als sich herausstellte, daß man Broughton des Mordes anklagen würde, änderten June und Diana ihre Einstellung schlagartig. June hatte die Affäre zwischen Diana und Erroll unterstützt, sie hatte ihnen sogar Seremai als Liebesnest angeboten. Und doch war es bei dem Prozeß ihre Aussage – daß Broughton in jener Nacht zu betrunken gewesen war, um das Haus zu verlassen, Erroll zu erschießen und die zwei Meilen vom Tatort zurückzulaufen –, die wesentlich zu seiner Freilassung beitrug. Diana, die angesichts der tödlichen Gefahr, in der Jock sich nun befand, erhebliche Schuldgefühle haben mußte, hatte jemanden nach Südafrika geschickt, um den respekteinflößenden und für seine Unfehlbarkeit berühmten Anwalt Harry Morris zu engagieren. Morris verlangte das Unmögliche und gewann. Die Anwaltsgebühren beliefen sich auf 5000 Pfund plus Spesen sowie eine Flasche Whisky täglich. Auch er unterschrieb in meinem Autogrammbuch. Seit dem 4. Juni 1941 steht sein Name darin.

Die Siedler waren der Polizei alles andere als behilflich, den richtigen Mann zu finden. Die Mordermittlungen wurden von dem Superintendenten Arthur Poppy, Chef der Polizei von Nairobi, geleitet. Während er es seinen Untergebenen gerade noch zutraute, ein Kind zu vernehmen, gab er sich selbst die Ehre, Errolls frühere Frau, die Königin des Happy Valley, Lady Idina, zu befragen. Er fuhr nach Clouds zu Lady Idinas Haus in den Aberdare Mountains. Als er dort ankam, rief er wie üblich: »Hodi?« (»Darf ich hereinkommen?«) Darauf erschien ein somalischer Diener. Als Poppy fragte, ob er mit Lady Idina sprechen könne, bat der Diener ihn herein, bot ihm auf der Terrasse einen Platz an und ging ins Haus. Kurze Zeit später öffnete sich die Verandatür, und Lady Idina erschien. Sie trug hochhackige Schuhe und rauchte eine Zigarette, die in einer langen Zigarettenspitze steckte. Ansonsten war sie völlig nackt. Sie setzte sich in aller Ruhe auf das Sofa, schaute Poppy unverwandt an und sagte: »Nun, Sergeant Poppy, kann ich Ihnen helfen?« Poppy erzählte später einem diensthöheren Kollegen bei der Polizei von Nairobi, dies sei für ihn die schwierigste Vernehmung seiner gesamten Dienstzeit gewesen.

Am 26. Mai 1941 kam Jock Delves Broughton wegen Mordes vor Gericht. Die Verteidigung wollte mich als Zeugin aufrufen, also konnte das, was ich der Polizei erzählt hatte, nichts Schlimmes gewesen sein. Damit ich wußte, wie es in einem Mordprozeß zuging, brachte man mich zum Gericht nach Nyeri, wo eine junge Kikuyu-Frau wegen Mordes an ihrem Baby angeklagt wurde. Dieser Prozeß zeigte noch viele Jahre später bei mir seine Spuren. Ich war in einem sehr antibritischen Haushalt aufgewachsen. Wir Kolonisten hielten nichts davon, wenn man uns aus 6000 Meilen Entfernung Vorschriften machen wollte. Wir nannten die Brigen »BLIBs«, was für »Bloody Lousy Imperial Bastards« (verdammte, miese, imperialistische Bastarde) stand. Ich war sehr aufgebracht, als ich die schreiende Ungerechtigkeit erlebte, die man dieser Afrikanerin in einem Zirkus, den man Britischer Gerichtshof nannte, zufügte. Noch sechzig Jahre später bin ich empört. Die Frau hatte ihr Kind getötet, weil es Lepra hatte. Sie hatte nach den Riten ihres Stammes gehandelt. Egal, was mit einem Kind nicht stimmen mag, es ist gegen die Natur der Mutter, es zu töten. Hinterher hatte man ihr gesagt, sie müsse dem District Commissioner erzählen, was sie getan habe. Also war sie fünfzehn Meilen durch das Kikuyu-Reservat bis nach Nyeri gelaufen, um zu tun, was sie für richtig hielt. Sie hatte nichts verheimlicht. Ich fragte mich, was man mit ihr machen würde. »Sie wird hängen«, sagte man mir. Soviel zum Thema britische Gerechtigkeit.

Der Polizist, der mich später zum Gericht begleitete, sagte mir, daß ich die Wahrheit sagen müsse, so wie ich auf die Bibel geschworen hatte. Er wirkte schockiert, als ich fragte: »Und wenn man nicht an Gott glaubt?«

Am Tag nach der Eröffnung des Erroll-Mordprozesses kam meine Vorladung auf Seremai an. Sie war in der typisch veralteten Sprache geschrieben, die Rechtsanwälte so gerne pflegten. Der Inhalt lautete wie folgt:

Sehr geehrte Miss Carberry,
im Namen der Krone werden Sie hiermit aufgefordert, sich am 4. Tag des Monats Juni 1941 um 10 Uhr am Vormittag bei Gericht in [...] einzufinden, um dort im genannten Fall als Zeugin für die Verteidigung aufzutreten.
Datiert auf den 26. Mai 1941

Letztendlich wurde ich dann doch nicht angehört.

Am 1. Juli 1941 wurde Broughton als nicht schuldig freigesprochen. Am 5. Dezember 1942 brachte er sich in einem Zimmer in einem Hotel in Liverpool um. Diana hatte ihn ein halbes Jahr zuvor verlassen.

Die Einsamkeit, vor der er sich so sehr gefürchtet hatte, holte ihn zum Schluß doch ein.

Gespräch mit dem Medizinmann

Am 24. Februar 1941, eine Woche nach meinem Gespräch mit Inspector Gribble, fuhr ich mit June und der Rutt nach Malindi.

Wegen des Krieges war die normalerweise verschlafene Küstenregion vor lauter Militärpräsenz in eine noch nie dagewesene Geschäftigkeit verfallen. Zuerst dachten alle, die Italiener würden von Norden aus angreifen, und es gab immer mehr Gerüchte, denen zufolge 200 000 Italiener an den Grenzen Äthiopiens und Somalias zusammengezogen worden waren, um in Kenia einzumarschieren. Es wimmelte von britischen und südafrikanischen Truppen, die sich darauf vorbereiteten, den Feind zurückzuschlagen. Im Juni 1940 hatten italienische Flugzeuge ein paar Bomben auf Malindi abgeworfen und einige Bienenkörbe beschädigt. Die einzigen Opfer waren diejenigen gewesen, die von den Bienen gestochen wurden, denn afrikanische Bienen sind ziemlich aggressiv. Im Januar, nur wenige Wochen bevor wir an die Küste kamen, waren britische und alliierte Truppen in Italienisch-Somalia einmarschiert. Sie hatten mit dem Feldzug begonnen, der einige Monate später mit der Einnahme von Addis Abeba und schließlich mit der Besetzung beider Länder Ende des

Jahres endete. 1942, nach dem Angriff der Japaner auf Colombo, wurde Mombasa Stützpunkt der britischen Flotte. So kamen noch mehr Soldaten der britischen Marine in ihren strahlendweißen Tropenuniformen auf die Insel. Nie zuvor hatte Mombasa eine so große weiße Bevölkerung gehabt.

Das erste, was mir in Malindi auffiel, waren die hellhäutigen, jungen Engländer, die von der Tropensonne rotbraun gebrannt waren. June und ich fanden es sexy, braun zu sein. Unsere Haut hatte sich an die Sonne gewöhnt. Anfangs bekam ich an der Küste auf meinen Schultern lauter kleine Blasen. Nach einer Weile pellten sie ab, und darunter kam neue, weniger empfindliche, braune Haut zum Vorschein. Die Briten konnten wir immer sofort erkennen. Wenn sie sich auszogen, um schwimmen zu gehen, waren ihre Knie braun und ihre Beine darüber und darunter kreideweiß. Das kam von ihren Uniformen, die aus Shorts und Strümpfen bestanden. Nach einem Strandtag waren ihre Beine und Füße dann feuerrot. Sie blieben stundenlang im Wasser, weil sie glaubten, das Wasser würde sie gegen die Sonne schützen. Natürlich verstärkt das Wasser die Kraft der Sonnenstrahlen noch, wie sie später auch herausfanden.

Die zwei Hotels in Malindi – das Lawfords und das Sindbad – waren voll mit britischen Soldaten. Die Unteroffiziere gingen zum Essen und Trinken ins Sindbad, während die Offiziere das schickere Lawfords bevorzugten, ein schönes, altes Hotel.

Alle im Besitz von Europäern befindlichen *bandas* hatte man evakuiert und den Truppen zur Verfügung gestellt. Bei uns hatte man einen jungen britischen Offizier einquartiert. Er war dreiundzwanzig Jahre alt, Captain der Fourth Kings African Rifles und hieß Peter Molloy. Während der Rest seines Bataillons noch in Mombasa war (sie waren zu Beginn des Krieges von Uganda aus in Richtung Küste aufgebrochen, um sich auf die erwartete italienische Invasion vorzubereiten), war Peter mit einigen jüngeren Offizieren vorausgefahren, um für den Rest seiner Truppe ein Übergangsquartier einzurichten. Dazu mußten sie Büsche roden und vorläufige Quartiere aus *boriti* bauen, Mangrovenpfählen, die man an der Küste traditionell zum Bauen verwendete. Die Dächer der Unterkünfte wurden aus *makuti* gemacht. Der Gedanke an die Aufmerksamkeit, die ihr die vielen, nach Frauen ausgehungerten jungen Männer zukommen lassen würden, ließ June das Wasser im Mund zusammenlaufen. Einmal folgte sie Peter bis in die Dusche, rollte mit den Augen und rief der Rutt zu: »Ich dusche gerade mit ihm!« Viele Männer mochten Junes raubtierhafte Verführungskünste, aber Peter war romantisch und vertraute mir an, daß er sich vor June fürchtete. Zu ihrer Enttäuschung mochte Peter mich mehr als sie. Kurze Zeit später kam JC zurück, und Peter zog in eine *banda* weiter unten am Fluß, die er sich mit drei anderen Offizieren teilte.

Unsere Liebe war so unschuldig, wie man es sich nur vorstellen konnte. Peter kam aus einer guten Familie.

Er wollte Berufssoldat werden und war nach Absolvierung der Akademie in Sandhurst in die Somerset Light Infantry eingetreten. Bei Kriegsbeginn hatte er sich zu einem der Kolonialregimenter gemeldet und war so nach Kenia gekommen. Er wußte, daß ich noch nicht sechzehn war. Er wußte auch, daß ich unglücklich war. An der Art und Weise, wie die Rutt mit mir sprach, erkannte er bald ihr Wesen – und er war zu anständig, um meine Verletzbarkeit auszunutzen. Er wußte, daß er vielleicht sterben würde, und wollte verhindern, daß ich mich ihm zu nahe fühlte. Wir empfanden viel füreinander, aber über Händchenhalten und Küssen ging es nicht hinaus. Und auch das konnten wir nur, wenn wir allein waren. June und die Rutt setzten alles daran, ebendieses zu verhindern. Ich weiß nicht, ob es mit der Affäre um Scottie zusammenhing oder ob sie eifersüchtig waren, weil er mich lieber mochte als sie. Peter fragte June um Erlaubnis, mit mir ausfahren zu dürfen, aber wenn er dann kam, stiegen June und die Rutt immer zu uns in den Wagen.

Eines Nachmittags gelang es uns jedoch, sie loszuwerden. Wir machten einen langen Spaziergang am Strand entlang, wo der Fluß Sabaki, der in den nördlichen Teil der Malindi-Bucht fließt, Hochwasser führte. Im Meer fanden wir ein Krokodil, das der reißende Fluß hinausgespült hatte. Es war schon ein wenig benommen, weil es so lange im Salzwasser gelegen hatte. Ich wollte seine Haut haben, um daraus für June eine Handtasche machen zu lassen. Wir hatten nichts bei uns, mit dem wir es hätten töten können. Darum zogen wir es am Schwanz hinter uns her, obwohl es sich mit seinen Klauen im Sand festkrallte. Wir drehten es auf den Rücken, aber es richtete sich immer wieder auf. Wir waren so lange unterwegs, daß es schon dunkel war, als wir nach Hause kamen. Nach Einbruch der Dunkelheit war es in Afrika gefährlich, und alle machten sich schon Sorgen, daß »dem Balg« etwas passiert sei. Ich bekam furchtbaren Ärger, weil ich zu spät kam. Dafür hatten wir das Krokodil mit einem geeigneten Stück Treibholz töten können. Als die Tasche hergestellt wurde, war ich enttäuscht, wie wenig Leder es hergab, aber man sagte mir, daß nur die Haut am Bauch sich für diesen Zweck leicht genug falten ließe.

Auf dem Weg nach Nyeri blieben wir einige Tage in Nairobi. Ich nahm die Gelegenheit wahr und besuchte Scotties Mutter, die ein Pflegeheim leitete. Wir tranken zusammen Tee. Sie war sehr nett, und darum glaube ich nicht, daß sie wußte, welche Schwierigkeiten ich ihrem Sohn bereitet hatte.

Als wir zurück auf Seremai waren, hatte ich wieder das Gefühl, in einer Gefängniszelle gelandet zu sein. Die Rutt war widerlicher als je zuvor, spionierte mir nach, damit ich nicht zu den Trenches ging, und beschwor bei jeder Gelegenheit Ärger mit JC herauf. Wir waren oft zusammen allein, und eines Tages beschloß ich, daß es nur einen Ausweg gab: Ich mußte sie umbringen. Aber ich wollte nicht, daß es herauskam.

Darum entschloß ich mich, den *mganga*, den Medizinmann, zu befragen, der in der Nähe in einer runden, überdachten Kikuyu-Hütte am anderen Ufer des Chania lebte. Ich wollte mit Bokkie dorthin reiten. Dazu mußte ich den steilen Weg hinunter zur Fabrik und dann die Abkürzung über die Straße nach Nyeri nehmen. Die Pferde gingen überhaupt nicht gerne über die Brücke, weil sie aus Holz gebaut war. Damit die Hufe und die Reifen der Fahrzeuge besseren Halt fanden, wurden faserige Zuckerrohrstiele, die bei der Extraktion von Zuckersaft übrigblieben, auf die Brücke gelegt. Der *mganga* war ein verschrumpelter alter Mann. Seine braune Glatze glänzte, und seitlich am Kopf standen einige wenige graue Haarbüschel ab. Er trug eine *shuka*, eine Decke, die auf einer Schulter zusammengeknotet war. Wie unsere Boys nahm auch er Schnupftabak, den er in einem kleinen, ausgehöhlten Flaschenkürbis, auch Kalabasch genannt, aufbewahrte. Die Flasche war mit einem hölzernen Stopfen verschlossen und hing an einer Kette um seinen Hals. Ich erzählte ihm auf suaheli, daß ich gekommen sei, weil ich wüßte, daß Europäer nichts von der afrikanischen Medizin verstünden. Ich bräuchte etwas, mit dem man einen Weißen umbringen konnte, das sich aber nicht feststellen ließ. Karange lächelte, zeigte sein altes Gebiß voller Zahnlücken und lehnte es freundlich ab, mir zu helfen. Er erklärte mir, daß er nichts Böses tue.

Ein paar Tage nach unserer Rückkehr aus Malindi bekam die Rutt Malaria, mit der sie sich an der Küste oder im Zug angesteckt hatte. June war in Nairobi, und

238

ich stellte sehr zu meiner Freude fest, daß die Rutt mir nun ausgeliefert war. Wenn man Malaria hat, muß man soviel wie möglich trinken. Ich hatte einmal gehört, daß Zitronensäure in einer Blechdose zu einer giftigen Reaktion führte. Darum nahm ich den Krug für heißes Wasser, den wir immer zum Teekochen benutzten, füllte ihn mit Zitronensaft und wartete. Nach vierundzwanzig Stunden goß ich den Inhalt in den Trinkbecher, der der Rutt gehörte, gab ihn ihr – und wartete voller Hoffnung auf ihren Todeskampf. Leider erholte sie sich wieder.

Ich war einsam und gelangweilt, und so geriet ich in ein äußerst merkwürdiges Abenteuer. Damals arbeitete auf der Farm ein Angestellter, ein *karani*, der dafür zuständig war, Nellies Arbeiter zu überwachen und sie zu bezahlen. Er kam von den Seychellen, hatte schwarze Haare und undurchdringliche, schwarze Augen. Er war verheiratet und hatte ein paar Kinder. Die Familie wohnte auf halber Strecke den Berg hinunter in Richtung Fabrik in einem gemauerten Haus mit einem Blechdach. Mir war aufgefallen, wie er mir nachgeschaut hatte, und eines Nachmittags, als ich bei Bokkie im Stall war, während alle anderen ein Schläfchen hielten, kam er zu mir. Heu und Stroh haben einen sehr erdigen Geruch an sich. Schon seit Menschengedenken hatten sich Herzoginnen mit ihren Knechten oder Bauernmädchen mit ihren Burschen im Heu herumgetrieben, und auch ich wehrte mich nicht. Jetzt, wo meine Schlafzimmertür nicht mehr abgeschlossen war, konnte ich nachts aus dem Haus gehen. Zwar ging ich sehr ungern zu den Ställen und hatte immer Angst, auf einen Leoparden zu treffen. Trotzdem ging ich.

Wir beide spielten mit dem Feuer. Es machte mir Spaß, mich JC und der Rutt zu widersetzen, aber vielleicht ging es ihm genauso. Er hatte einen sehr merkwürdigen Humor und nannte mich seinen »Todesengel«, denn er wußte genau, was ihm bevorstand, wenn man seine Beziehung zu der *memsahib kidogo* entdeckte. Ich mochte meinen *karani*, aber ich liebte ihn nicht – jedenfalls nicht mehr, als er mich liebte.

Zu der Zeit führte ich ein Tagebuch. Der Eintrag vom 20. Mai 1941 – natürlich verschlüsselt, um neugierigen Blicken vorzubeugen – macht deutlich, daß die wohldurchdachten Pläne meines Freundes von den Seychellen hinsichtlich Safer Sex fehlschlugen. Damals kannte man noch keine Verhütungsmittel, und die meisten Leute praktizierten den Coitus interruptus. Aber bekanntlich ist diese Methode unzuverlässig. Wären die Trenches dagewesen, hätte ich mich Nellie anvertrauen können, aber sie waren an die Küste gezogen, fünf Tagesreisen mit dem Auto entfernt. Ich gestand meinem Liebhaber meine Ängste, und er versuchte mich zu beruhigen, indem er sagte, daß er etwas für mich hätte, wenn es ein Problem gäbe. Als ich zwei Wochen später Angst hatte, die Natur könne etwas über unser Verhältnis verraten, versuchte ich von unserer Haushälterin Mrs. Rowbotham zu erfahren, wann man volljährig war. Ich war am 7. Mai sechzehn geworden. Aber ich dachte an den Ärger, den Scottie bekommen hatte, und machte mir über den gesetzlichen Aspekt Gedanken. Mrs. Rowbotham kannte sich mit dem Gesetz nicht besonders gut aus, und mein Tagebucheintrag lautete frustriert: »Mit Mrs. Rowbotham über Volljährigkeit gesprochen. 16? 18???«

Nun wollte ich mehr denn je zuvor verschwinden. Ich fürchtete nicht nur, daß man mein Geheimnis entdeckte, mich bestrafte oder ich in ständiger Angst leben mußte. Ich machte mir bewußt, daß ich mich in der Nähe des Happy Valley befand. Ich würde so werden wie sie. Und das wollte ich auf gar keinen Fall.

Auf Wiedersehen, Seremai

Ich wußte, wenn ich nur Geduld hatte, würde sich eine Gelegenheit bieten, von Seremai zu fliehen. Eines Tages sagte June, daß wir nach Nairobi fahren würden. Sie und die Rutt wollten mit JC zu den Pferderennen gehen, und mich wollten sie währenddessen bei Onkel Gerald lassen, dem älteren Bruder meiner Mutter. Ich saß in meinem Zimmer, hatte die Arme fest um mich geschlungen und wußte, daß dies meine Flucht bedeutete.

Der einzige Haken an der Sache war mein hartnäckiger Glaube, schwanger zu sein.

Ich konnte mir nicht vorstellen, mit einem so religiösen Mann wie Onkel Gerald über eine Schwangerschaft zu sprechen. So schob ich den Gedanken an das Problem beiseite und verlor mich in der Vorstellung an ein Leben in einem normalen Haushalt.

Bei Onkel Gerald herrschte eine freundliche und liebevolle Stimmung. Meine Tante Caroline war eine reizende, liebenswerte Person und eine begabte Künstlerin. Traurigerweise hatte sie Kinderlähmung und war an den Rollstuhl gefesselt. Da ich schon so lange Einzelkind war, fand ich es herrlich, über Nacht Brüder und Schwestern zu bekommen. Onkel Gerald hatte fünf Kinder: drei Töchter und zwei Söhne. Tony, die älteste Tochter, wohnte nicht mehr zu Hause und befand sich in der Ausbildung zur Ärztin. Peter war in der Armee, Patty und Robin, die beiden jüngeren Töchter, gingen zur Universität und Robert noch zur Schule. Keines der Anderson-Kinder wurde jemals geschlagen. Da zum ersten Mal in meinem Leben niemand etwas dagegen hatte, daß ein Mädchen lange Haare haben wollte, ließ ich sie mir wachsen. Als Überreaktion auf die jahrelange Unterdrückung ließ ich sie bis fast zehn Zentimeter über meine Kniekehlen wachsen. Onkel Gerald kümmerte sich sogar um meine Augen. Er ging mit mir zu Victor Browse, dem besten Optiker in Nairobi, wo man mir eine Brille verschrieb.

Am 22. Juni schrieb ich in mein Tagebuch, daß ich mit Onkel Gerald und seiner Familie zum Mount Longonot im Rift Valley fuhr. Der Berg war 600 Meter hoch, und wir kletterten ganz bis zum Rand des Kraters hinauf. Als wir oben ankamen, hatten alle außer mir Blasen an den Füßen. Ich lief barfuß. Zwar war ich in einige Dornen getreten, aber ich war sehr stolz darauf, keine Blasen zu haben. Es machte großen Spaß. Es war ein Familienausflug, wie ich ihn früher mit den Trenches gemacht hatte, bevor man mir verboten hatte, sie zu besuchen. Den Carberrys wäre es nicht im Traum eingefallen, sich einmal körperlich zu betätigen, etwa bei einem Picknick oder einem Spaziergang in freier Natur. Sie brauchten immer nur Highlife und etwas zu trinken. Aber Kinder lieben nun mal solche

Ausflüge, und ich war ganz in meinem Element. In der Freude über mein neues Glück beschloß ich, es mir nicht mehr nehmen zu lassen.

Als ich eines Abends mit Onkel Gerald allein war, flehte ich ihn unter Tränen an, mich nicht nach Nyeri zurückzuschicken, sondern mir zu erlauben, für immer in Nairobi zu bleiben. Ich erzählte ihm von den fürchterlichen Schlägen, die ich bezogen hatte, und von meinem Besuch auf der Polizeiwache, um dort meine Verletzungen zu zeigen. Ich berichtete ihm von dem Terror, den JC ausübte, und von der Rutt, seinem Folterknecht. Ich bettelte ihn an, bei ihm bleiben zu dürfen. Auf diese Verantwortung hätte er gut verzichten können. Ich bin mir sicher, daß meine Tränen bei ihm schmerzhafte Erinnerungen weckten. Gerald kannte John Carberry seit über zwanzig Jahren. Maïa war seine einzige Schwester. Er wußte, daß sie eine unglückliche Ehe geführt hatte. An dem Tag, an dem sie ums Leben kam, war sie nur geflogen, weil JC es so gewollt hatte. Nun bezichtigte Maïas Kind Carberry unglaublicher Grausamkeiten. Onkel Gerald nahm sich vor, mit ihm zu reden.

Als es schließlich zu diesem Gespräch kam, antwortete Carberry, daß ich bei meinem Onkel in Nairobi wohnen könne, dann aber von ihm keinen Cent bekäme. Diese Reaktion war typisch für ihn. JC war besessen vom Geld, und er ging davon aus, daß es allen anderen auch so gehe. Die Leute erinnern sich daran, daß er ständig die Börsenseite der Zeitung aufgeschlagen hatte. Aber ich bin nicht so. Ich zögerte keinen Augenblick. »Ich will sein Geld nicht«, sagte ich wahrheitsgemäß zu Onkel Gerald.

Das Gute an meinem Abschied von Seremai war, daß ich nun meiner Großmutter väterlicherseits schreiben konnte. Mary Carbery hatte lange mit den Andersons Kontakt gehalten. In einem Brief schrieb ich ihr die ganze Geschichte, warum ich Seremai verlassen hatte:

Im Juni 1941 fuhr ich in den Ferien zu den Andersons nach Nairobi. Ich erzählte ihnen, wie sehr ich mein Zuhause haßte, damit ich bleiben konnte. JC und June schien das nichts auszumachen. JC warnte mich, daß er mich aus seinem Testament streichen würde und ich nichts bekäme, wenn ich bei den Andersons wohnen wollte. Das macht mir nichts aus, denn ich glaube nicht, daß man Glück mit Geld kaufen kann. Seit dem 2. Juli 1941 lebe ich nun bei Dr. Anderson und bin sehr glücklich. Ich habe jetzt zwei Brüder und drei Schwestern. Es ist wunderschön, ein richtiges Zuhause und eine richtige Familie zu haben.

Armer Onkel Gerald. Er hatte viel weniger Geld als der im Jetset lebende John Carberry mit seinen Flugzeugen und Jachten und seinem Playboy-Geschmack. Und er hatte fünf eigene Kinder. Er dachte, mir würde seine Welt nicht gefallen. Aber er war sehr freundlich und gerecht. Er sagte, er könne mir nicht viel geben, aber ich dürfe bleiben. Ich war ihm so dankbar, daß ich ihm gar nicht erklären konnte, daß Geld ohne Liebe nichts wert war. Statt dessen sagte ich: »Ich werde versuchen, dir keine Kosten zu verursachen.«

Es wurde Juli, dann August, und ich hatte immer noch nicht meine Periode. Nun geriet ich in Panik. Hätte das Schicksal mir die Sache nicht aus den Händen genommen, hätte ich wahrscheinlich wie ein Vogel Strauß den Kopf in den Sand gesteckt, bis jemand meinen dicken Bauch bemerkt hätte. Als JC wußte, daß ich nicht nach Seremai zurückkehren würde, kam er Onkel Geralds Bitte nach, mein Pony nach Nairobi bringen zu lassen. Er war auf keinen Fall bereit, die Kosten für ein Pferd zu übernehmen. Bokkie war in einem Warentransporter am Bahnhof in Nairobi angekommen und mit ihm der ganze Kram, der dazugehörte, unter anderem auch die Krokodillederpeitsche, mit der die Rutt mich traktiert hatte. Onkel Gerald wohnte in einem Wohngebiet, in dem es nur Teerstraßen gab. Trotzdem wurde ein Stall für Bokkie gebaut, so daß er im Garten grasen konnte. Am 30. August ritt ich in die Stadt. Plötzlich scheute mein Pony vor irgend etwas, rutschte auf der Straße aus und fiel auf mich. Durch diesen Sturz geschah das, worauf ich gehofft hatte.

Als Onkel Gerald nach Hause kam, hatte ich das Baby verloren. Ich hatte starke Blutungen.

Onkel Gerald sah sofort, daß ich eine Fehlgeburt gehabt hatte. Er versuchte eindringlich herauszufinden, wer dafür verantwortlich war. Aber ich sagte nur, daß es der Vater von einem der südafrikanischen Freunde Junes wäre und daß ich nicht wüßte, wie er hieß. Es war klar, daß Onkel Gerald sich Sorgen um mich machte. Er war nicht hart oder streng, aber er war ein religiöser Mensch und fürchtete sicherlich auch um seinen eigenen guten Namen und die gesellschaftlichen Konsequenzen, wenn ein Skandal publik wurde. Zu meiner großen Erleichterung wurde ich danach nie wieder schwanger. Ich kam zwar mit John Carberry nicht gut aus, aber wir teilten unsere Abneigung gegen das Kinderkriegen.

Es spricht sehr für Onkel Gerald, daß er mich adoptieren wollte, obwohl ihn meine Schwangerschaft ziemlich erschreckt haben muß.

Wie vorherzusehen, war JC ein schlechter Verlierer. Obwohl er nichts für mich empfand, war er wütend, daß sein Schwager mich bei sich aufnahm. Es muß ihm wie eine öffentliche Maßregelung vorgekommen sein. Carberry, der Religion in all ihren Formen immer abgelehnt hatte, muß es als besonders erniedrigend empfunden haben, von einem so frommen Christen wie Onkel Gerald als moralisch verwerflich vorgeführt zu werden. Verletzter Stolz war zweifellos der Grund für den wütenden Brief, mit dem er einige Monate später auf den Vorschlag meines Onkels, mich zu adoptieren, reagierte. Der Brief offenbarte eine Spitzfindigkeit, die man normalerweise nicht mit John Carberry in Verbindung brachte.

Lieber Gerald,

die Unterzeichnung des von Mr. Kaplan bezüglich Deiner Person und der Juanitas verfaßten Dokuments möchte ich im Zusammenhang mit dem folgenden Brief verstanden wissen.

Du warst es, der die Frage aufgeworfen hat, ob Juanita ihre vom Gesetz bestimmten Eltern und Erziehungsberechtigten, also mich, verlassen sollte. Dabei hast Du zweifellos nach bestem Wissen und Gewissen gehandelt, aber aus unserer Sicht ist diese Veränderung nur auf die Falschaussagen Juanitas und auf die vielen Lügen zurückzuführen, die sie über ihr Leben bei uns verbreitet hat.

Rechtlich gesehen, so glaube ich, stimmst Du mit mir darin überein, daß aufgrund dessen, was Dir Dein Rechtsbeistand mitgeteilt hat, Dein Versuch, uns dazu zu bewegen, Juanita Dir oder einem anderen Teil der Familie Anderson zu überlassen, nur sehr geringe Aussichten auf Erfolg hätte. Du versprachst, eidesstattliche Versicherungen und Zeugen beizubringen, die Deine Behauptungen stützen; bis heute haben wir aber weder das eine noch das andere gesehen. Soweit wir glauben, gibt es sie gar nicht. Wir sind sehr verbittert über all das bösartige Gerede, das Juanita mit Hilfe unseres nächsten Nachbarn (Maxwell Trench) verbreitet hat, und wir werden sie nicht davon abhalten, wenn sie sich ihr Leben künftig selbst schwermachen will. Um allen Beteiligten eine Schlammschlacht zu ersparen, schlagen wir vor, daß wir das Sorgerecht für Juanita an Dich abtreten. Wir werden eine Kopie dieses Briefes an ihren Vormund in den USA schicken.

Ich bedaure, daß Du offensichtlich bereit bist, das Geburtsrecht Deiner Nichte für ein Linsengericht hinzugeben, das auf einem Teller mit der Inschrift »Oxford« serviert wird, zusammen mit einem »christlichen« Salat mit »Buchmans Dressing«.

Hochachtungsvoll
John Carberry

Mit der Stichelei im letzten Abschnitt verhöhnte John Carberry, ein Atheist mit Leib und Seele, die Religiosität meines Onkels, der Mitglied der Oxford Group war, einer christlichen Evangelistenbewegung, die in den zwanziger Jahren von dem amerikanischen Prediger Frank N. Buchman gegründet worden war.

Diesen Brief sah ich während der Arbeit an diesem Buch zum ersten Mal – siebenundfünfzig Jahre nachdem er geschrieben worden war. Mir fiel auf, daß Carberry sich nicht dazu überwinden konnte, das Wort »Vater« zu verwenden, obwohl er inbrünstig bemüht war, das Bild des verletzten Vaters abzugeben.

Wenn Carberrys selbstgerechtes Wüten dazu dienen sollte, Onkel Gerald einzuschüchtern, dann war dieser Versuch fehlgeschlagen. Am 31. Dezember 1941, nur einen Monat nach dem ersten Brief, unterschrieb John Evans Carberry, »Siedler von Nyeri«, einen Vertrag, demzufolge Gerald Anderson ein »weibliches Kind namens Juanita Maïa Sistani [sic] unter bestimmten Bedingungen« adoptieren wollte. Amüsiert stellte ich fest, daß JC, ganz der aufmerksame Vater und ungeachtet der Tatsache, daß er Kleinigkeiten in der Rechtschreibung immer sehr wichtig zu nehmen pflegte (Carberry mit zwei ›r‹ und nicht Lord Carbery mit einem), zwei Fehler in meinem Namen entgangen waren. Mein mittlerer Name war Virginia und nicht Maïa, und ich war eine Sistare, keine Sistani.

Zu den Bedingungen für meine Adoption gehörte, daß Onkel Gerald für meinen Lebensunterhalt aufkam, bis ich einundzwanzig war. Es wurde eindringlich darauf hingewiesen, daß er »das Kind in einer der gesellschaftlichen Stellung der Adoptierenden angemessenen Art zu erziehen habe und ihm all das zukommen lassen müsse, was es in dieser gesellschaftlichen Position benötigt«. Außerdem habe er »das Wohlergehen des Kindes zu fördern und seine Entwicklung voranzubringen«. Angesichts der Rücksichtslosigkeit, von der meine Erziehung in Nyeri geprägt war, schien dies die reinste Ironie. Carberry hatte seine Unterschrift durch die Rutt, meine verhaßte Hauslehrerin, bestätigen lassen, die mit »Isabel Rutt, ledig« unterschrieben hatte.

Die meisten Veränderungen, die ich bei Onkel Gerald vorfand, gefielen mir. Auf Seremai herrschte eine Atmosphäre der Dekadenz und Bequemlichkeit. Keiner arbeitete richtig, und gesellschaftliche Beziehungen fanden nur im Zusammenhang mit dem Genuß von Alkohol statt, was eine Kultur hervorbrachte, die von lauten Streitereien, Flüchen und ungehemmtem Sex geprägt war. All dies verabscheute ich zutiefst. Onkel Gerald dagegen war Chirurg und arbeitete hart. Zudem war er Mitglied einer tiefreligiösen Sekte, die normalerweise abstinent lebte. Die Familie führte ein regelmäßiges Leben, und ich kann mich nicht daran erinnern, daß irgend jemand einmal die Stimme erhoben hätte, von Fluchen ganz zu schweigen.

Es gab jedoch eine Veränderung, die mir nicht gefiel, und zwar die Art und Weise, in der die Andersons alles, was mit Sex zu tun hatte, unterdrückten. Wie die Abneigung gegenüber dem Alkohol, so war auch diese Haltung in ihrer Religiosität begründet. Ich war auf einer Farm aufgewachsen und hatte schon von klein auf gesehen, was in der Natur geschah. Zudem waren June und die Rutt auf Seremai so sehr mit der Befriedigung ihrer sexuellen Wünsche beschäftigt gewesen, daß sie herzlich wenig Interesse daran gehabt hatten, die Tugend des Balgs zu bewahren. So hatte ich schon immer sehr viel Freiheit gehabt. Zu Hause bei Onkel Gerald hatte die viktorianische Prüderie ein Klima der Unwissenheit geschaffen, das mich erschreckte. Meine Cousine Robin, die so alt war wie ich, ging mit einem Jungen namens Ronnie Harris aus.

Eines Abends war sie sehr unruhig, als sie zu Bett ging. »Glaubst du, daß ich ein Kind bekomme?«

»Warum? Was hast du denn gemacht?«

»Ich habe Ronnie einen Gutenachtkuß gegeben.«

»Und was ist dann passiert?«

Erst als sie mir versicherte, daß Ronnies Leidenschaft in einem Kuß gegipfelt hatte, wurde mir klar, daß die sechzehn Jahre alte Tochter eines Arztes in keinster Weise aufgeklärt war.

Onkel Gerald war davon überzeugt, daß es mir gut-tun würde, wenn man mich mit der Religion vertraut machte. JCs sarkastische Bemerkungen am Ende der Adoptionsurkunde war eine Anspielung darauf, daß die Oxford Group, deren Mitglied Gerald Anderson war, das Christentum vor allem unter dem Aspekt des Pre-digens verstand. Die Gruppe beschäftigte sich beson-ders mit der moralischen Seite der Gesellschaft des zwanzigsten Jahrhunderts. Dazu gehörte das Verhältnis zwischen Arbeitern und Arbeitgebern wie auch inter-nationale Beziehungen. Die Gruppe nannte sich selbst Moralische Wiederaufrüstung, das war eine Anspie-lung auf die Wiederaufrüstung, die in den Industriena-tionen zwischen den Kriegen stattfand. Ich wurde zu den Versammlungen der Moralischen Wiederaufrü-stung eingeladen, die bei Onkel Gerald im Wohnzim-mer stattfanden. Die Mitglieder der Gruppe bekannten sich dort der Reihe nach öffentlich zu ihren Verfehlun-gen. Es war bekannt, daß aufgrund dieser Versammlun-gen viele Ehen in die Brüche gingen, weil die Leute bei diesen offenen Geständnissen auch Ehebruch zugaben. Wenn ich dabei war, ging es weit weniger pikant zu. Die »Sünden« reichten vom äußerst Belanglosen bis hin zum unangenehm Persönlichen. Ein Mann sagte: »Gestern war ich gegenüber meiner Frau ein wenig kurz angebunden. Das war nicht nett von mir. Ich wußte nicht, daß sie ihre Periode hat.« Bei einer anderen Gelegenheit überlegten Onkel Gerald und Tante Caroline, zu welcher Schule sie ihren jüngsten Sohn Robert schicken sollten. Sie beschlossen, die Kraft des Gebets heraufzubeschwören, und gaben jedem von uns ein Stück Papier, auf das wir den Namen der Schule schreiben sollten, die wir für Robert am geeignetsten hielten. Meiner Meinung nach erreichte dieses Treffen den Höhepunkt an Absurdität, als sich eine ältere Frau namens Audrey zu uns gesellte. Vor der Eröffnung der Versammlung bat Onkel Gerald um Ruhe und sprach zu dem Allmächtigen: »Und wir danken dir, Herr, daß du uns Audrey zum Tee geschickt hast.« Ich fand es nicht nur merkwürdig, sondern auch geschmacklos, daß eine Gruppe Erwachsener so tief in der Trivialität versank, während um sie herum der Krieg tobte.

Während ich mir Mühe gab, mich an mein etwas unkonventionelles Leben zu gewöhnen, entdeckte Onkel Gerald, wie bodenlos ungebildet ich war, und dachte nach, was man dagegen tun könne. Das erste Mal wurde er dadurch aufgeschreckt, daß ich absolut unfähig war, mit einer Reihe von Zahlen irgend etwas anzufangen. Er machte eine private Nachhilfelehrerin für

Mathematik für mich ausfindig und schickte mich zu ihr. Sie wohnte in der Nähe des Nairobi Railway Club, eines der vielen Gesellschaftsclubs der Stadt.

Den Weg hin und zurück legte ich zu Pferd zurück. Eines Tages gab die Lehrerin mir eine Nachricht an Onkel Gerald mit. Da ich sowohl eigensinnig als auch neugierig bin, öffnete ich den Brief und las:

Lieber Gerald,
ich kann Dein Geld nicht länger annehmen. Es ist unmöglich, diesem Kind Mathematik beizubringen.

Da Onkel Gerald wußte, daß ich einer ungewöhnlichen Erziehung ausgesetzt gewesen war, wollte er mich zu Hause behalten und mich durch die Stabilität eines guten Familienlebens zähmen. Als er diese Nachricht las, muß er wohl gemerkt haben, daß das nicht funktionierte. Man beschloß, mich ab Beginn des Jahres 1942 auf die exklusive und zweifellos sehr teure Wykeham Girls School nach Pietermaritzburg in Natal zu schicken.

In der Zwischenzeit mußte jedoch wegen meiner mangelnden Bildung etwas geschehen. Ende Oktober wurde ich auf eine kleine Privatschule geschickt, die von einer Rinderranch in Mombasa aus, fünfzig Meilen vor Nairobi, geleitet wurde. Die Ranch lag in Konza und hieß Kalanzoni. Es gingen nur wenige Mädchen auf diese Schule, die von einer Frau namens Tilly Button geführt wurde. Ihr Mann leitete die Ranch.

Das Ranchhaus war aus Zedernholz gebaut, damit die Termiten es nicht auffraßen. Das war allerdings kein Schutz gegen den Befall von Zecken, die von den Hunden kamen. Der Unterricht beeindruckte mich nicht besonders. Was ich liebte, war die wunderbare Einsamkeit. Wir waren Meilen von jeglicher Zivilisation entfernt. Es war ein Leben im Grenzbereich, und ich liebte es. Ich durfte Bokkie bei mir haben, der mit einem Zug aus Nairobi kam und am Bahnhof von Konza so ruhig den Waggon verließ, als wäre er sein ganzes Leben lang nur Zug gefahren. Ich fand es immer wieder aufregend, Löwen zu sehen, wenn ich einen Ausritt machte.

Die Nachbarranch gehörte Blaney Percival, einem der bekanntesten weißen Jäger Afrikas. Percival hatte eine Tochter namens Gugie, mit der ich mich eng anfreundete, und einen Sohn namens Buster. Gugie war in der Armee, und aus diesem Grund beschloß ich, in die FANY (First Aid Nursing Yeomanry) einzutreten, sobald ich alt genug war. Ich ritt oft hinüber zur Ranch, die den Namen Mumandu trug, und ging mit Buster auf Antilopenjagd, um etwas zu essen und Futter für die Hunde zu besorgen. Traurigerweise kam Buster bei einem Torpedoangriff auf das Truppenschiff *Kalid Ismael* ums Leben, mit dem er auf dem Weg von Mombasa nach Ceylon war.

Eine andere Lieblingsbeschäftigung bestand darin, *riems* zu machen. Das sind Rindslederstreifen, aus denen man Joche für Ochsenwagen anfertigt, die wiederum für alle Arbeiten in Afrika eingesetzt werden. Um das Rindsleder – oder *rawhide* (ungegerbtes Leder), wie man es nannte – geschmeidig zu machen, wurde es immer wieder gedreht, bevor man ein schweres Gewicht an eines der Enden hängte. Dazu benutzten wir alles, was uns in die Hände fiel, oft nur eine Radnabe. So verhinderte man, daß der Streifen sich wieder in eine Richtung aufdrehte, bevor er weich und geschmeidig war.

Weihnachten verließ ich die Button Ranch und blieb bis zum Ende des Jahres 1942 bei den Andersons. Ich hatte überhaupt keine Lust, wieder zur Schule zu gehen, und in den ersten Wochen hatte ich heftiges Heimweh. Da ich ein Jahr lang weg sein würde, mußte ich meinen geliebten Bokkie verkaufen, denn im neu erbauten Nairobi gab es unter den Nachbarn keine Pferdeliebhaber, die ihn ausgeritten hätten. Als Ersatz für Bokkie kaufte ich mir ein junges Pferd, das ich erst einreiten konnte, wenn ich wieder zurück war. Aber es nahm ein trauriges Ende. Meine Gefühle brachte ich in einem Brief an Großmutter Carbery zu Papier.

Ich wollte nicht abreisen, aber es war gut für mich, und es war nur ein Jahr. An dem Tag, an dem ich von zu Hause fortging, verkaufte ich mein Pony an schrecklich nette Leute und kaufte mir ein 18 Monate altes Araberpony, das ich zu Hause lassen wollte, damit es sich an die Umgebung und den Verkehr gewöhnte. Ich wollte es einreiten und ausbilden, wenn

ich zurückkam. Er war ein wunderschönes Tier, äußerst intelligent und gutmütig. Vor ungefähr einem
Monat brach eine schlimme Pferdekrankheit aus,
und viele, viele Pferde sind daran gestorben, auch
mein Pony, und das hat mir fast das Herz gebrochen,
weil es so wunderbar war, und es wird noch ewig
dauern, bis ich genug gespart habe, um mir ein gutes,
neues Pony zu kaufen, und weil es jetzt so wenig
Benzin gibt, wollte ich auf einen Wagen und ein Geschirr sparen, auch wenn ich nicht weiß, wo ich ein
Geschirr herbekommen soll.

Jetzt, wo ich nicht mehr der Zuständigkeit der Carberrys unterstand, schrieb ich meiner Großmutter regelmäßig. Und zu meiner großen Freude hatte ich auch
wieder Kontakt zu den Trenches. Als Nellie Trench in
Jadini war, beschloß man, daß ich etwa zehn Tage bei
ihr bleiben sollte. Anschließend würde ich am 5. Februar von Mombasa aus mit dem Flugboot der Imperial
Airways Richtung Süden nach Durban fliegen. Es war
herrlich, wieder einmal bei der mütterlichen Nellie zu
sein, jetzt wo ich wußte, daß die Rutt es mir nie wieder
verderben konnte. Sie war sehr gerührt, mich zu sehen.
Wenn ich unter JCs Behandlung gelitten hatte, so hatten Nellie und Maxwell ebenso gelitten. Die arme Nellie machte sich Vorwürfe, daß sie mich nach dem Tod
meiner Mutter nicht adoptiert hatte. Sie und Maxwell
hatten geglaubt, daß ich mit JCs Geld ein besseres Leben führen würde, und gehofft, daß June mir eine gute

Mutter sein würde. Vielleicht hatte Nellie zu der Zeit auch noch einen anderen, persönlicheren Grund dafür gehabt, mich adoptieren zu wollen, aber das wußte ich damals noch nicht.

Reisen in einem Flugboot scheinen mir heute wie ein wunderbares, aufregendes Erlebnis aus einer anderen Zeit. Die erste Flugbootverbindung ging 1937 von Southampton nach Durban. Es war wesentlich teurer, als mit dem Schiff nach Durban zu fahren, aber Onkel Gerald fühlte sich offensichtlich zu dieser großzügigen Geste verpflichtet. Im Jahr 1942 die ostafrikanische Küste hinunterzufliegen wurde immer gefährlicher, weil die Japaner schon einige Schiffe torpediert hatten. Die Flugboote vom Typ Short Empire wurden in Irland gebaut und stellten das fliegende Gegenstück zu den luxuriösen Ozeandampfern dar. Sie waren so gebaut, daß die Reisenden mehr Platz hatten als in einem normalen Flugzeug. Wir saßen uns gegenüber, und in der Mitte stand ein Tisch. Das Flugboot, mit dem ich reiste, war innen angenehm in Blau und Beige gehalten. Das Essen, das an Bord frisch zubereitet wurde, war köstlich, und die Damentoilette sah aus wie in einem Luxushotel. Es gab eine separate Toilette, ein Waschbecken und einen Frisiertisch mit Spiegel, auf dem viele Töpfchen und Flaschen mit Wattebäuschen, Puder, Gesichtscreme und Eau de toilette standen.

1950 stellten die Flugboote ihren Dienst ein. Sie waren nicht besonders vielseitig einsetzbar und sahen schon damals altmodisch aus. Sie mußten nicht nur zum Auftanken zwischenlanden, sondern konnten auch nur auf dem Wasser landen. Während der fast zweitausend Meilen weiten Reise machten wir Zwischenstopps in Dar es Salaam, Lindi, das damals Tanganjika hieß, in Beira und Lourenço-Marques in Portugiesisch-Mozambique, bevor wir schließlich in Durban landeten. In Lourenço-Marques übernachteten wir in einem Hotel.

Pietermaritzburg war als verschlafen bekannt, weil es ohne die einschlägigen Lokale wie in Durban oder Johannesburg als Provinznest galt. Auf der ultrakonventionellen Wykeham School (Motto: Die Manieren machen den Menschen) nahm ich eine neue Identität und eine neue Religion an. Juanita Carberry wurde jetzt als Juanita Anderson wiedergeboren. So wollte man auf der neuen Schule meine Identität schützen und verhindern, daß man mich mit einem Skandal in Verbindung brachte, in den John Carberry verwickelt war.

Nachdem ich aus Nyeri fortgegangen war, hatte Carberry sich mit den Behörden angelegt und war im Gefängnis gelandet. Wegen des Krieges wurde seine gesamte Post zensiert. Ein Telegramm, das John Carberry in die USA geschickt hatte und in dem er den dringenden Verkauf von Aktien amerikanischer Flugzeughersteller arrangieren wollte, war abgefangen worden. In Kriegszeiten boomen Aktien von Firmen aus der Verteidigungsindustrie immer, und John Carberry strebte einen Riesengewinn an. Zu allem Überfluß machte er auch noch Geschäfte mit einem Agenten in Lourenço-

Marques, von dem man wußte, daß er für die Deutschen arbeitete. Dies war ein offener Bruch der Verteidigungs-finanzvorschriften. Alle Briten mußten den Behörden gegenüber ihre Dollarguthaben offenlegen, weil ameri-kanische Währung für die Kriegsfinanzierung benötigt wurde. In Kriegszeiten hielt man nur sehr wenig von ei-ner solch unpatriotischen Profitgier, und JC wurde zu zwei Jahren Arbeitslager verurteilt. Es gelang ihm, die Strafe in der Berufung zu halbieren, und so fand er sich im Fort Jesus wieder, der alten Festung in Mombasa. Weil es in diesem Gefängnis nur wenige Weiße gab, wohnte JC im Haus des Gefängnisdirektors. Dort führte er eher das Leben eines Gutsherren als das eines Verur-teilten. Das Essen und der Champagner wurden vom Mombasa Club geliefert, der nicht weit vom Fort Jesus entfernt lag. Er verbrachte die Tage, indem er mit drei anderen Gefangenen Bridge spielte, was er liebte. Er war sehr verärgert, als einer seiner Mitgefangenen gehängt wurde, denn so fehlte der vierte Mitspieler.

June Carberry, die keineswegs patriotischer war als JC, betrachtete die ganze Sache als einen einzigen Scherz. Sie schickte all ihren Freunden Telegramme mit dem Wortlaut: »Vater sitzt im Bau.«

Wie ich schon sagte, entdeckte ich in Wykeham eine neue Religion. JC hatte alle Schulen, auf die ich gegan-gen war, angewiesen, mich vom Religionsunterricht freizustellen, und ich war ihm dafür dankbar gewesen. Onkel Gerald war jedoch ein frommer Mann, daher gab es keine Freistellung mehr. Jeden Sonntag zogen die Mädchen von Wykeham in ihren ulkigen blauen Uniformkleidern mit schwarzen Strümpfen und Strohhüten in einer langen Schlange Richtung Kirche. Ich fand heraus, daß zwei Mädchen, die von den Seychellen stammten, katholisch waren. Sie durften allein zur nahe gelegenen katholischen Kirche gehen und bekamen freitags besonderes Essen. So wurde ich wieder katholisch, wie ich ja auch getauft worden war. Wir erfuhren, daß in der Nähe junge polnische Soldaten stationiert waren, die ebenfalls katholisch waren, und so konnten wir uns mit ihnen treffen und ein wenig schmusen und rauchen. Danach begleiteten sie uns den halben Weg zur Schule zurück.

Noch immer war Schwimmen das einzige, was ich wirklich gut konnte. Ich schrieb Mary Carbery von meinen Triumphen: »In dem Sommer, in dem wir Schwimmen hatten, machte ich bei allen öffentlichen Wettbewerben mit und gewann viele Preise, und ich kam auch gleich zu Anfang in die Schulmannschaft, was mir sehr gefiel, weil wir oft für die Schule und für Natal geschwommen sind.«

Die Schläge, die ich von June und JC bezogen hatte, hatten mich gelehrt, daß es falsch war zu lügen. In Wykeham lernte ich, daß es falsch sein kann, die Wahrheit zu sagen. In der Christmesse war es üblich, die Strophe »While Shepherds Watched their Flocks (Herden) by Night« abzuändern in »While Shepherds Watched their Socks (Socken) by Night«, wie Kinder es nun einmal so tun. Das gab einen heftigen Aufruhr. Alle Mädchen, die diese frivolen

261

Worte gesungen hatten, sollten die Hand heben. Ich gehorchte sofort – und stellte dann überrascht fest, daß
meine Hand die einzige war. Zur Strafe erhielt ich Reit-
verbot.

Von Pietermaritzburg nach Nairobi war es zu weit,
als daß man in den Ferien immer nach Hause fahren
konnte. Zwei meiner neuen »Schwestern« waren im
Süden, Patty an der Cape Town University und Robin
an der Rhodes University in Salisbury. Onkel Gerald
hatte die Idee, daß wir die Osterferien zusammen in einer guten Umgebung verbringen sollten. Die ärztli-
chen Missionare aus Schweden, bei denen wir wohnten, lebten in Mapumulo in Zululand (Kwazulu).
Während dieser Zeit entdeckte ich einige Bücher mit
gräßlichen Farbbildern, auf denen die fürchterlichen
Auswirkungen von Geschlechtskrankheiten auf den
menschlichen Körper dargestellt wurden. Ich fand die
Bücher faszinierend, aber als mich die Missionare bei
ihrer Lektüre erwischten, war es ihnen peinlich. Die
Missionare hatten nichts für Pferde übrig, aber in der
Nachbarschaft gab es Polizeipferde, sehr große Tiere,
die ganz anders waren als die Ponys, die ich aus Kenia
kannte. Diese Polizeipferde ritt ich dann.

Die nächsten Ferien verbrachte ich mit Zia Sim-
monds, der Schulsprecherin von Wykeham. Ihre Eltern
hatten eine Farm am Fluß Mooi in Natal. Sie besaßen
Pferde, und so ritten wir jeden Tag und halfen bei der
Farmarbeit. Sie hatten auch einen zahmen Kranich,
den sie Awang nannten, weil er einen schrillen Ton wie

ein Pfau ausstieß. Wenn man sich bückte, sprang er einem auf den Rücken.

Weihnachten durfte ich nach Nairobi zurück. Statt des Flugbootes nahm ich eine Maschine der Rhodesia Airways. Damals mußte man zum Auftanken in Salisbury (Süd-Rhodesien), Lusaka, Mpika (Nord-Rhodesien), Mbeya und Dodoma (Tanganjika) zwischenlanden. Wir übernachteten in Mbeya, wo mich meine Eitelkeit in Schwierigkeiten brachte. Im Flugzeug plauderte ich mit einem Jungen in meinem Alter. Er wußte, daß es in Mbeya ein Schwimmbad gab, und schlug vor, schwimmen zu gehen. Immer wenn ich versuchte, attraktiv auszusehen, »verlor« ich als erstes meine Brille. Wir kamen zum Schwimmbecken, und jeder ging in seinen Umkleideraum. Ich wollte einen Bikini anziehen, aber als ich meine Sachen auspackte, stellte ich fest, daß ich nur das Unterteil mitgenommen hatte. Das Oberteil hatte ich im Hotel vergessen. Ich zog mich wieder an und suchte draußen nach dem Jungen. Aber ohne Brille konnte ich ihn natürlich nicht erkennen. Schließlich fand er mich und war verärgert, daß ich immer noch angezogen war, obwohl ich so gerne schwimmen gehen wollte. Es war mir zu peinlich, ihm den wahren Grund für dieses Hin und Her zu erklären.

Im Mai 1942 wurde ich siebzehn. Endlich war das Ende meiner Schulzeit in Sicht. Ich hatte Onkel Gerald versprochen, daß ich ihm finanziell nicht zur Last fallen wollte, und freute mich darauf, in die Armee einzutreten und mein eigenes Geld zu verdienen. Obwohl ich noch gar nicht richtig erwachsen war, sehnte ich mich danach, meiner Kindheit Lebewohl zu sagen. Ich wollte meine eigene Herrin sein, frei von der Zügellosigkeit des Happy Valley, aber auch von den Beschränkungen der Moralischen Wiederaufrüstung. Am 2. Februar 1943 trat ich in den Women's Territorial Service ein. Die Messe der FANY, die für die Dauer des Krieges mein Zuhause sein sollte, lag in dem umfunktionierten Kloster Loreto am Rand von Nairobi an der Kabete Road. (Einigen Modepüppchen gefiel die Uniform nicht, die aus klobigen Schuhen, Khaki-Röcken, die nicht höher als 30 Zentimeter über dem Boden enden durften, Khaki-Strümpfen und Khaki-Kampfhosen bestand, die bei mir von den Knien bis zu den Unterarmen reichten.) Mit meinem Eintritt in die FANY schloß ich das Kapitel über meine merkwürdige frühreife Kindheit ab. Auf Seremai, in Malindi und im Muthaiga Club ging die Party der Übriggebliebenen aus dem Happy Valley weiter. Sie wußten nicht, daß auch ihre Geschichte sich dem Ende zuneigte. Schon bald sollte ein frischer Wind wehen, ein kalter, unbarmherziger Sturm, der die *bwanas*, die *memsahibs* und ihre rosafarbenen Gins und alles andere aus Afrika hinaus in die Geschichtsbücher wehen würde.

In den kommenden Jahren schloß ich mich einem Zirkus an, fuhr Taxi und trat zu einer Zeit der Handelsmarine bei, als nur zwei britische Handelsschiffe in der ganzen Flotte Frauen an Bord ließen. Aber das ist eine andere Geschichte …

Epilog:
Ein kluges Kind, das seinen Vater kennt

Lag es einfach nur an John Carberrys verkorkstem Charakter, daß er nichts für mich empfand – oder gab es dafür noch einen anderen Grund?

Als ich erwachsen war, traf ich ihn irgendwann einmal wieder. Was er damals sagte, warf eine Frage auf, die bis heute unbeantwortet geblieben ist. Ich saß im Avenue Hotel in Nairobi, als Carberry hereinkam. Ich hatte gerade an einem Schwimmwettkampf der Armee teilgenommen.

Er kommentierte meinen Erfolg, von dem in der Zeitung zu lesen war, und sprach dabei mit dem merkwürdigen amerikanischen Akzent, den er pflegte. »Aber in den Listen für die Tauchwettbewerbe habe ich deinen Namen gar nicht gesehen.«

»Nein, ich tauche nicht.«

»Ist das meine Schuld?«

»Weiß ich nicht.«

»Findest du, daß ich zu dir als Kind grausam war?«

»Es ist sehr schwierig, das Wort Grausamkeit zu definieren. Sagen wir mal, du hast dich nie wie der liebende Vater gegeben.«

»Weil ich nicht dein Vater bin.«

Falls das seine Entschuldigung dafür war, daß er mich

schlecht behandelt hatte, dann war es eine schwache Rechtfertigung. »Nun, du warst in der Lage, dich wie mein Vater verhalten zu können, aber du hast es nie getan.«

Ich berichtete den Andersons von JCs Behauptung. Gerald war wütend und betrachtete JCs Aussage als Verunglimpfung des Namens seiner toten Schwester. Er wollte Carberry dafür vor Gericht bringen.

Ein paar Jahre später saß ich in einem privaten Wohnzimmer im Claridges Hotel und führte eine etwas steife Unterhaltung mit meiner Patentante. Bei Tee und Gurkensandwiches fragte Tante Sistare plötzlich: »Wie ist Maxwell Trench eigentlich so?«

»Warum fragst du?«

»Tja, du weißt doch, daß er dein Vater war?«

Ich war sehr erstaunt und vermutete, daß Tante Sistare kurz vorher JC getroffen hatte. Hatte sie ihn kritisiert, weil er mich immer so schlecht behandelt hatte, und war dies seine lahme Entschuldigung? Oder war ich wirklich das Produkt einer verbotenen Romanze zwischen Maxwell und Maïa? Das würde einiges erklären, wie zum Beispiel Ähnlichkeiten im Temperament, JCs Kälte und die Tatsache, daß ich mich so sehr zu den Trenches hingezogen fühlte. Als ich Nellie Trench das nächste Mal sah, sprach ich sie darauf an. Sie wollte Carberrys Behauptung weder bestätigen noch dementieren. »Denke, was du willst«, sagte sie, wies aber mehrere Male darauf hin, wie gerne Maxwell und sie mich adoptiert hätten, als Maïa starb. Und sie erzählte mir von Maxwells Tochter in Jamaika. Sie war aus einer Liaison zwischen ihm und einer Hausangestellten hervorgegangen, und er stand zu ihr und hielt den Kontakt aufrecht.

Als ich auf See war, wurde ich krank und ging in Trinidad von Bord. Nellie Trench schickte mir ein Telegramm, in dem sie mir empfahl, mich an Olive Dwyer zu wenden, die den Pflegedienst im Krankenhaus von Port of Spain leitete. Olive war Maxwells Tochter. Ich kenne sie seit vielen Jahren, und wir sind Freundinnen geworden. Auch mit Jo Claridge habe ich mich angefreundet, der Tochter John Carberrys aus seiner ersten Ehe mit José Metcalfe.

Eine von den beiden ist meine Schwester – aber welche? Während ich an diesem Buch schrieb, setzte ich mich mit einem DNS-Labor in Verbindung und fragte, ob man meinen Vater bestimmen könnte, wenn sich alle drei Frauen bereit erklärten, eine Gewebeprobe abzugeben. Man sagte mir, daß es unwahrscheinlich sei, eine eindeutige Antwort zu erhalten, weil es von meinem vermeintlichen Vater keine DNS gab. So hat meine Mutter dieses Geheimnis mit ins Grab genommen. Mir ist es eigentlich ganz egal. Ich bin weder das Kind Carberrys noch das der Trenches. Ich bin ich. Olive und Jo sind ganz erleichtert, denn so können beide weiterhin behaupten, ich wäre ihre Schwester, und das finde ich irgendwie rührend.

John Carberry starb 1970 in Südafrika, wo in den fünfziger Jahren viele weiße Kenianer auf der Flucht vor dem blutigen Mau-Mau-Aufstand Zuflucht suchten. Es war bizarr, daß ich genau wie beim Tod meiner Mutter erst zwei Jahre später von JCs Tod erfuhr, und zwar als eine Frau, die ich kaum kannte, mir kondolierte. Die Umstände, unter denen er starb, hatten etwas Groteskes, und angesichts der Tatsache, daß er sein ganzes Leben lang viel Wert auf Geld gelegt hatte, hätte er sich möglicherweise noch darüber amüsiert. Er starb am 21. des Monats. Da seine Lebensversicherung an einem Quartalstag, in diesem Fall am 25. Juni, zur Auszahlung kam, fror June seine Leiche im Tiefkühlschrank ein (unter den herrschenden klimatischen Bedingungen eine kluge Maßnahme) und brachte einen mitfühlenden Arzt dazu, den Totenschein auf den »richtigen« Tag auszustellen.

June Carberry starb fünf Jahre später. Sie trank und rauchte immer noch und hatte sich zu einer sprichwörtlichen reichen, schrulligen alten Dame entwickelt. Ihre Liebe zu Hunden hatte sich zu einer Besessenheit ausgewachsen. Sie fuhr immer nach Johannesburg hinein und machte sich auf die Suche nach streunenden Hunden. Ein zweiter Wagen, der von einem afrikanischen Chauffeur gefahren wurde, folgte ihr. Die Tiere wurden aufgelesen und in diesen Wagen gebracht. Waren die Hunde krank, wurden sie sorgsam mit Junes Nerzmantel bedeckt. Als sie starb, bekam ich ein Exemplar ihres Testaments. Das, was von dem Carberry-Vermögen noch übrig war, wurde unter Junes Friseur, ihrem Chauffeur, einem Heim für Hunde und der South African Wildlife Society aufgeteilt.

Isabel Rutt war aus John Carberrys Diensten ausgeschieden, kurz nachdem ich im Juni 1941 zu den Andersons gezogen war. Sie ging als Lehrerin nach Pembroke House, einer Jungenschule in Gilgil. Ihre früheren Schüler haben sie als streng und humorlos in Erinnerung. Schließlich zog sie sich nach England in den Ruhestand zurück.

Es war mein Schicksal, in einer kleinen Gruppe von Menschen aufzuwachsen, die sich mit ihrem schlechten Benehmen einen Platz in der Geschichte des Kolonialismus erarbeitet haben. Die Happy-Valley-Clique war etwas Einmaliges. Die Leute waren oberflächliche, verdorbene und egoistische Städter, die sich dem Konsum verschrieben hatten und sich mitten in ihrem Garten Eden langweilten. Hinter dem Firlefanz aus Tanz, Trinken und offenen Affären lauerte der Wahnsinn. Viele wurden abhängig, entweder vom Alkohol oder von Drogen. Aufgrund der niedrigen Lebenshaltungskosten wurde ihnen ein Luxus zuteil, den sich zu Hause nur die Superreichen leisten konnten. Sie mußten nicht von neun bis fünf arbeiten und ein geregeltes Leben führen, das ihre Energie ein wenig gedämpft hätte. Wenn es darum ging, mit gutem Beispiel voranzugehen, galt: Wen interessiert das schon, es sind ja doch nur die Eingeborenen da. Die Erinnerung daran, wie June Carberry und ihre Freunde sich noch einen Drink genehmigten und keine Rücksicht auf die Hausangestellten nahmen, die mit allen Kräften versuchten, den Braten zu retten, der schon viel zu lange im Ofen war, sagt alles. Ebenso die Vorstellung von Lady Idina, die nackt vor ihren Hausangestellten herumspazierte.

Die Menschen, die die Kolonie aufbauten, waren ganz anders: tapfere, anständige Männer und Frauen, die sich ihr Gläschen am Abend Tag für Tag mit harter Arbeit verdienten und als Zeugnis ihres Fleißes Farmen, Krankenhäuser, Hotels, Firmen und Zeitungsverlage hinterließen.

Am Anfang hatte es so viel Zuversicht gegeben. Theodore Roosevelt hatte verkündet, daß es »hier in Afrika unterhalb des Äquators ein echtes Land des weißen Mannes« gebe. Joseph Chamberlain sagte: »Dieses Land ... wird eines Tages zu den größten und besten des Britischen Empire gehören.«

Letztendlich hat es nur ein knappes halbes Jahrhundert angedauert. Anfang der sechziger Jahre spülte die unaufhaltsame Flut der Geschichte die Arbeiter und die Taugenichtse hinweg.

Vor einigen Jahren besuchte ich Seremai noch einmal. Es war noch immer eine Kaffeefarm, aber das Haus sah verwahrlost und schäbig aus. Der Parkettfußboden im Wohnzimmer war schon seit Jahren nicht mehr poliert worden. Das Zimmer, in dem die Rutt, meine Hauslehrerin, am Flügel gespielt und June Carberry mit ihren zahlreichen Hausfreunden herumgeknutscht hatte, war vollgepackt mit Kaffeesäcken. Wo früher Rasen wuchs, grasten nun Ziegen, und das Unkraut hatte sich schon vor langer Zeit die Blumenbeete zurückerobert. Es schien, als habe es John Carberry, seine Flugzeuge, seine Jacht, seine Urlaube an der Riviera und ein kleines Mädchen, das glücklich mit den afrikanischen *totos* spielte, nie gegeben.

Als ich mir die oft schmerzlichen Einzelheiten meiner lange vergangenen Kindheit für dieses Buch in Erinnerung rief, schickte mir Diana Francis-Jones, die Enkelin von Maxwell Trench, mit der ich eng befreundet bin, das folgende Gedicht. Der ironische Unterton gefällt mir.

»This Be The Verse' by Philip Larkin,
from *Collected Poems*

They fuck you up, your mum and dad.
They may not mean to, but they do.
They fill you with the faults they had
And add some extra, just for you.

But they were fucked up in their turn
By fools in old-style hats and coats,
Who half the time were soppy-stern
And half at one another's throats.

Man hands on misery to man.
It deepens like a coastal shelf.
Get out as early as you can,
And don't have any kids yourself.*

(*... and I didn't.*)

---

* Die Eltern, sie verderben dich, / auch wenn's nicht ihre Absicht ist. / Ihre Fehler nimmst du auf / und kriegst noch welche obendrauf. / Doch irgendwer verdarb einst sie / aus altmodischer Idiotie. / Mal voller Liebe, unbeschwert, / mal gegenseitig mit Haß bewehrt. / Unglück von einem zum nächsten geht, / wird dabei weiter aufgebläht. / Lauf schnell davon, schnell wie der Wind, / und habe nie ein eigenes Kind.

Als weiße Frau in Afrika leben, die Anziehungskraft einer fremden Kultur spüren, hin und her gerissen sein zwischen westlichem Rationalismus und afrikanischer Spiritualität – dies sind die Erfahrungen von Ilona Maria Hilliges in Nigeria. Sie taucht ein in die mystische Welt des Schwarzen Kontinents – und trifft den Mann ihres Lebens. Doch ein mächtiger Clanchef bedroht sie mit Schwarzer Magie. Sie wehrt sich mit den Waffen ihres Gegners und unterwirft sich einem magischen Ritus: Sie wird zur »weißen Hexe«.

Der authentische Lebensbericht einer weißen Frau in der spirituellen Welt Afrikas.

Ilona Maria Hilliges

Die weiße Hexe
Meine Abenteuer in Afrika

Mit zahlreichen Abbildungen

Econ ǀ **Ullstein** ǀ List